Unsere große Kinderbibel

Jennifer Rees-Larcombe

Saatkorn-Verlag Hamburg

Titel der englischen Originalausgabe: Bible Story Book
1992 Marshall Pickering, an imprint of HarperCollins Publishers,
77-85 Fulham Palace Road, Hammersmith, London

Aus dem Englischen von Mechthild Bruchmann und Gabriele Heinzerling
Lektorat: Eva-Maria Busch

Lizenzausgabe: 1992 Saatkorn-Verlag Hamburg
ISBN 3-8150-0828-X

Vorwort

Unsere große Kinderbibel erzählt die Geschichte von der Erschaffung unserer Erde bis hin zur Schaffung einer neuen Welt, in der Gott alle Tränen abwischen wird.

Im Mittelpunkt stehen Menschen, die von Gott gerufen wurden: Könige und Hirtenjungen, Fischer und Gelehrte, Helden und Halunken. Menschen, die mit ihren Begabungen und trotz ihrer Fehler von Gott gebraucht wurden. Bekannte und weniger bekannte Geschichten wechseln sich ab. Besonderer Wert wurde auf eine lebendige Erzählweise gelegt, die sich dennoch eng an der biblischen Vorlage orientierte.

Die hundert einzelnen Geschichten sind in sich abgeschlossen und können jede für sich gelesen oder vorgelesen werden. Sie beschreiben Erfahrungen, die auch Kinder unmittelbar auf ihr Leben übertragen können.

Darüber hinaus erlauben die Erzählungen – fortlaufend gelesen – einen Überblick über die großen Zusammenhänge der Bibel, über Gottes Plan für die Menschen, seine Liebe und seine Treue.

Die schönen, ausdrucksstarken Illustrationen vermitteln einen lebendigen Eindruck der Menschen und Ereignisse.

Inhalt

Das Alte Testament

Das Neue Testament

Wie alles begann

Am Anfang schuf Gott Himmel und Erde. Noch war alles kalt und finster. Aber Gott sprach: „Es soll hell werden." Da wurde es hell.

Jetzt ließ Gott Flüsse und Meere entstehen; Berge und festes Land kamen zum Vorschein. Auf dem Land wuchsen Bäume und Kräuter, die Früchte brachten und sich vermehrten. Das war sehr gut.

Dann sprach Gott: „Die Sonne soll tagsüber am Himmel scheinen und der Mond und die Sterne in der Nacht."

Danach erschuf Gott alle Tiere auf Erden: die Fische im Meer, die Vögel unter dem Himmel und all die großen und kleinen Lebewesen auf dem Lande.

Gott war sehr zufrieden mit seinem Werk. „Es ist alles sehr gut", sagte er. „Jetzt kann ich Menschen machen. Sie sollen meine schöne Welt pflegen."

Gott schuf einen Mann und eine Frau: Adam und Eva. Er segnete sie und sprach: „Füllt die Erde und nehmt sie in Besitz. Ihr dürft von allen Früchten essen, soviel ihr wollt, nur von dem Baum der Erkenntnis des Guten und Bösen dürft ihr nicht essen. Sonst werdet ihr sterben."

Jeden Abend besuchte Gott die Menschen in dem schönen Garten, den er für sie angelegt hatte. Dann redeten sie miteinander. Adam und Eva freuten sich, wenn Gott bei ihnen war. Und auch Gott freute sich, mit den Menschen zusammenzusein.

In dieser Zeit gab es noch nichts auf der Welt, was den Menschen Angst machte: keine Krankheit, keine Schmerzen, keine schlimmen Unwetter, auch keine bösen Worte und Taten. Adam und Eva waren glücklich. Aber einem gefiel das nicht. Und das war Satan, der Widersacher Gottes.

Eines Tages, als Eva gerade allein war, flüsterte ihr die Schlange ins Ohr: „Hat Gott euch wirklich verboten, von den Früchten im Garten zu essen?"

„Aber nein", antwortete Eva. „Wir dürfen alles essen – nur die Früchte von diesem einen Baum dürfen wir nicht essen. Sonst müssen wir sterben."

„Aber das stimmt nicht", antwortete die Schlange. „Weißt du, was wirklich passiert, wenn ihr die Früchte eßt? Ihr werdet klug sein, so klug wie Gott! Deshalb will er nicht, daß ihr davon eßt."

Eva besah sich den Baum, dessen Früchte klug machten. Zögernd streckte sie ihre Hand aus, griff nach einer der verlockenden Früchte und biß hinein.

„Adam", rief sie. „Die Früchte schmekken herrlich. Probier mal!"

Als Gott an diesem Abend in den Garten kam, versteckten sich Adam und Eva vor ihm. Sie hatten Angst – zum ersten Mal in ihrem Leben –, und sie schämten sich voreinander.

„Wo seid ihr?" rief Gott. „Warum versteckt ihr euch?"

Aber statt die Sache zuzugeben, fingen Adam und Eva an, sich gegenseitig die Schuld zuzuschieben – und natürlich der Schlange.

Gott war sehr traurig. „Ihr müßt diesen Garten verlassen", sagte er. „Von jetzt an werdet ihr hart arbeiten müssen, um genug zu essen zu haben. Dornen und Disteln werden auf eurem Acker wachsen. Ihr werdet Krankheiten bekommen und Schmerzen erleiden, ihr werdet alt werden und sterben."

Adam und Eva hatten Gottes Gebote übertreten und die Strafe verdient. Als die beiden mit gesenkten Köpfen den Garten verließen, war Gott sehr traurig. Aber er wußte bereits, wie er die Menschen doch noch retten konnte.

Streit unter Brüdern

Adam und Eva bekamen viele Kinder. Ihren ältesten Sohn nannten sie Kain, den zweiten Abel.

Die beiden Jungen wuchsen heran. Sie waren sehr verschieden: Kain arbeitete von morgens bis abends auf dem Feld und im Garten, um Getreide und Gemüse zu ziehen. Abel dagegen kümmerte sich am liebsten um die Schafe und Ziegen. Er suchte die saftigsten Weiden aus und beschützte die Herde vor wilden Tieren.

Kain konnte seinen Bruder nicht leiden. „Ich muß mich den ganzen Tag auf dem Feld abrackern, während du bloß mit den Schafen herumziehst", schimpfte er oft.

Die Nächte verbrachte Abel manchmal allein draußen in den Bergen, um aufzupassen, daß kein Bär oder Löwe ein Tier aus der Herde raubte. Aber selbst in der Dunkelheit und in der Wildnis fühlte er sich nicht einsam, denn er wußte: Gott ist bei mir.

„Ich möchte Gott ein Geschenk machen", überlegte sich Abel eines Tages, „damit er sieht, wie lieb ich ihn habe." Aus Steinen baute er einen Altar. Dann wählte er das schönste Lamm aus seiner Herde aus, schlachtete es, legte es zusammen mit dürren Zweigen auf den Altar und zündete das Opfer an. Als der Rauch zum Himmel stieg, wußte Abel, daß Gott sein Geschenk angenommen hatte.

Da erwachte die Eifersucht in Kain. „Ich muß Gott auch etwas schenken", dachte er. Er holte ein wenig Gemüse aus seinem Garten und brachte es Gott zum Opfer dar.

Aber Gott nahm Kains Opfer nicht an. Darüber geriet Kain außer sich vor Zorn. Voller Neid beobachtete er seinen Bruder. „Ich hasse ihn", war sein einziger Gedanke.

„Nimm dich in acht, Kain", warnte ihn da die Stimme Gottes. „Das Böse lauert vor deiner Tür." Aber Kain wandte sich ab.

„Komm, laß uns zusammen aufs Feld gehen, Abel", rief er. „Ich muß dir etwas zeigen." Die beiden gingen hinaus. Sobald sie allein waren, nahm Kain die scharfe Hacke, die er sonst zum Arbeiten auf dem Feld benutzte, und schlug Abel tot. Dann machte sich Kain davon.

Plötzlich hörte er die Stimme Gottes. Zu Tode erschrocken fuhr er zusammen. „Wo ist dein Bruder Abel?" fragte Gott.

„Woher soll ich das wissen?" erwiderte Kain frech. „Schließlich ist er alt genug, um auf sich selbst aufzupassen."

Aber Gott wußte, was geschehen war. „Kain", sagte er, „das Blut deines Bruders schreit zu mir von der Erde. Du sollst für deine Untat zwar nicht sterben, aber du mußt dein Zuhause und deine Felder verlassen. Für den Rest deines Lebens sollst du heimatlos in der Welt umherstreifen."

So verloren Adam und Eva ihre beiden Söhne. „Hätten wir doch niemals die verbotene Frucht gegessen!" mögen sie oft gedacht haben.

1. Mose 6-9

Ein Schiff voller Tiere

Eine lange Zeit war vergangen, seit Adam und Eva auf der Erde lebten. Die Menschen hatten sich vermehrt und auf der Erde ausgebreitet, aber sie wollten nichts mehr mit Gott zu tun haben. Sie waren böse zueinander, betrogen sich gegenseitig und schreckten auch nicht davor zurück, einander zu töten.

„So kann das nicht weitergehen", dachte Gott. Und es tat ihm leid, daß er die Menschen erschaffen hatte. Unter all den vielen Menschen fragte niemand mehr danach, was Gott von ihm wollte. Niemand – außer Noah und seiner Familie.

Gott beschloß, einen ganz neuen Anfang mit den Menschen zu machen.

„Noah", sagte er eines Tages, „ich werde eine Flut über die ganze Erde schicken. Baut euch ein großes Schiff, das genug Platz hat. Ihr sollt von jeder Tierart ein Männchen und ein Weibchen mitnehmen und auch genug Nahrung für euch und Futter für die Tiere."

„Das muß wirklich ein riesiges Schiff werden", dachte Noah.

Zusammen mit seinen Söhnen machte er sich an die Arbeit. Sie fällten Bäume und sägten Bretter zurecht. Es dauerte viele Monate, bis das Schiff fertig war. Sie nannten es „Arche".

Die anderen Menschen lachten, als sie sahen, daß Noah ein Schiff baute, mitten auf dem Land. Aber Noah warnte sie: „Gott wird eine große Flut schicken. Wenn ihr euer Leben nicht ändert und Gott nicht um Verzeihung bittet für alles, was ihr getan habt, werdet ihr alle ertrinken." Aber niemand glaubte ihm.

Die Leute amüsierten sich köstlich, als Noah begann, die vielen Tiere in das Schiff zu bringen. Aber bald verstummte das Gelächter, denn es begann zu regnen. Noah und seine Familie gingen an Bord des Schiffes, und Gott schloß hinter ihnen die Türe zu.

Es regnete und regnete. Der Regen ließ die Flüsse anschwellen, die Flüsse überfluteten das Land, und der Regen hörte immer noch nicht auf! Die Menschen kletterten auf Bäume, auf Hügel und Berge, aber das Wasser stieg immer höher und bedeckte alles.

Doch Noahs Schiff schwamm sicher auf den Wellen. Im Bauch des Schiffes ging es bestimmt lebhaft zu: Da bellte, quakte, muhte, brüllte und krächzte es von allen Seiten. Und besonders gut gerochen hat es sicher auch nicht. Aber Noah und seine Familie waren froh, daß sie noch am Leben waren.

Dann fuhr eines Tages ein dumpfes Knarren durch den Schiffsrumpf – die Arche war auf Grund gelaufen.

„Endlich! Das Wasser scheint zu sinken!" rief Noah.

Dann ließ Noah einen Raben hinausfliegen und später eine Taube. Als sie zurückkehrte, trug sie ein grünes Blatt im Schnabel.

„Die Pflanzen beginnen also wieder zu wachsen", freute sich Noah. „Jetzt dauert es sicher nicht mehr lange, bis es für die Tiere draußen genug zu fressen gibt."

Endlich kam der Tag, an dem sie die Tür der Arche öffneten. Als Noah mit seiner Familie neben dem großen Schiff stand, entdeckten sie plötzlich einen leuchtenden Regenbogen am Himmel.

„Ich will euch etwas versprechen", sagte Gott. „Nie wieder werde ich eine solche Flut schicken. Solange die Erde besteht, wird es immer wieder Sommer und Winter geben, Saat und Ernte. Und dieser Regenbogen ist das Zeichen dafür, daß ich mein Wort halte."

Der Mann, der alles verlor

Lange Zeit war seit Noah und der großen Flut vergangen. Auf der Erde lebten wieder viele Menschen, aber sie hatten sich nicht verändert: Nur wenige von ihnen fragten nach Gott.

„Aber einen wirklich guten Freund habe ich unter den Menschen", sagte Gott. „Hiob hat mich nicht vergessen. Er liebt und verehrt mich und hält meine Gebote."

„Kein Wunder", widersprach ihm der Satan, „du hast ihn ja auch zum reichsten Mann weit und breit gemacht. So viele Schafe, Kamele und Esel wie der hat sonst niemand! Er ist nur deshalb dein Freund, weil es ihm so gut geht. Nimm ihm alles weg, und er wird dich bald hassen!"

„Das würde er nie tun!" sagte Gott.

„Laß mich ihn auf die Probe stellen, dann werden wir ja sehen", forderte Satan.

„Gut", antwortete Gott, „du darfst Hiob alles nehmen, aber ihm selbst sollst du keinen Schaden zufügen."

Wenig später klopfte es stürmisch an die Tür von Hiobs Haus. Einer seiner Knechte berichtete atemlos: „Feindliche Soldaten haben uns überfallen. Alle Männer außer mir wurden getötet, und die Kamele und Esel sind gestohlen."

Kaum hatte er seinen Bericht beendet, da kam ein zweiter Knecht hereingestürmt. „Auf dem Feld gab es ein fürchterliches Unwetter", rief er. „Alle deine Schafe und Ziegen sind umgekommen, und von den Hirten habe ich als einziger überlebt."

So hatte Hiob mit einem Schlag seinen gesamten Reichtum verloren. Aber es sollte noch schlimmer kommen. Ein anderer Mann kam angerannt. „Etwas Furchtbares ist passiert!" rief er schon von weitem. „Du weißt doch, daß deine Kinder zu einem Fest eingeladen waren. Ein starker Windstoß hat das Haus, in dem sie feierten, zum Einsturz gebracht und alle unter sich begraben."

Hiob zerriß entsetzt seine Kleider. Aber er machte Gott keine Vorwürfe. „Gott hat mir alles gegeben", sagte Hiob. „Er hat auch das Recht, mir alles wieder zu nehmen. Ich habe ihn lieb."

Als Satan das hörte, ärgerte er sich sehr. „Es geht ihm immer noch zu gut; er ist gesund und ein angesehener Mann", sagte Satan zu Gott. „Aber wenn er krank wird und alle seine Freunde ihn verlassen, ich wette, dann will er bestimmt nichts mehr von dir wissen."

Bald darauf wurde Hiob sehr krank. Sein Körper war über und über mit eitrigen Geschwüren bedeckt.

„Schickt ihn fort!" riefen die Leute. „Er steckt uns noch alle an!"

So saß Hiob ganz allein draußen vor der Stadt. Nicht einmal seine Frau wollte in seine Nähe kommen.

Hiob hatte drei Freunde, die ihn besuchten. Aber sie konnten ihn nicht trösten. Statt dessen machten sie ihm Vorwürfe.

„Wenn Gott dir so viel Schlimmes zustoßen läßt, dann hast du bestimmt etwas Böses getan", sagten sie immer wieder. „Er bestraft doch niemand ohne Grund."

Hiob litt unter seiner Krankheit, unter den Worten der anderen und am meisten darunter, daß er Gottes Handeln nicht verstand. Aber er vertraute darauf, daß Gott es gut mit ihm meinte. Der Satan hatte nicht recht behalten.

Schließlich konnte Gott es nicht länger mitansehen. Mit lauter Stimme nahm er Hiob vor seinen Freunden in Schutz. Er ließ ihn wieder gesund werden und schenkte ihm doppelt so viele Tiere und mehr Knechte, als er vorher je gehabt hatte. Sieben Söhne und drei Töchter wurden ihm noch geboren, und er lebte noch viele Jahre, bis er schließlich als alter Mann starb.

1. Mose 13; 15

Mach dich auf den Weg

In der Stadt Ur, im Land Mesopotamien, lebte ein Mann mit Namen Abraham. Seine Frau hieß Sara. Abraham war sehr reich, er besaß viele Schafe, Kamele und Ziegen.

Eines Tages redete Gott mit Abraham: „Zieh weg aus dieser Stadt."

Abraham war überrascht. Ihm gefiel die prächtige Stadt Ur, und er hatte viele Freunde dort.

„Ich werde dir ein anderes Land zeigen, in dem du wohnen und es gut haben sollst", erklärte Gott weiter. „Ich möchte es dir und deinen Kindern zum Geschenk machen. Deine Familie soll dort zu einem großen Volk werden."

„Aber wir haben doch gar keine Kinder", wandte Abraham ein. „Und wir sind auch viel zu alt dafür."

„Abraham", erwiderte Gott, „ich habe dich ausgesucht, weil ich einen besonderen Plan habe. Vertraust du mir?"

„Ja", nickte Abraham und eilte los, um seine Sachen zu packen.

„Du bist verrückt!" sagten seine Freunde. „Du gehst auf eine Reise und weißt nicht einmal, wo es hingeht. Du folgst einem Gott, den du nicht sehen kannst! Denk an die Räuber und wilden Tiere, denen du unterwegs begegnen kannst."

Abraham ließ sich nicht aufhalten. Er machte sich auf den Weg, gefolgt von seiner Familie, seinen Knechten und Tieren. Nach langer, beschwerlicher Reise erreichten Abraham und Sara schließlich das Land, das Gott ihnen versprochen hatte: Kanaan. Dort ließen sie sich nieder. Nun warteten sie auf die Kinder, die Gott ihnen geben wollte.

Viele Jahre vergingen, sie wurden immer älter, aber Kinder hatten sie keine.

„Gott hat sein Versprechen vergessen", dachte Sara traurig, als sie eines Tages aus dem Zelt schaute. In diesem Augenblick sah sie drei Männer auf das Lager zukommen.

„Die sehen müde aus", dachte sie mitfühlend.

„Kommt herein und eßt mit uns", rief Abraham, als er die Reisenden erblickte.

Während Abraham die Gäste bewirtete, beobachtete Sara sie neugierig durch einen Vorhangspalt. Doch was mußte sie da hören?

„In neun Monaten wird Sara einen Sohn zur Welt bringen", sagte einer der Männer zu Abraham.

„Das ist doch unmöglich!" dachte Sara und lachte leise.

„Warum hat Sara gelacht?" fragte der Gast. „Gibt es denn irgend etwas, das für Gott zu schwierig wäre?"

Da wußten Sara und Abraham auf einmal, daß ihre Besucher Boten Gottes waren.

Neun Monate später wurde ihnen tatsächlich ein kleiner Sohn geboren. Sie nannten ihn Isaak.

1. Mose 22

Die Prüfung

Isaak wuchs heran. Abraham liebte seinen Sohn und war sehr stolz auf ihn. Aber eines Tages geschah etwas, das Abraham sein Leben lang nicht wieder vergessen würde.

„Abraham“, sagte Gott, „ich möchte, daß du mir ein Opfer bringst.“ Das hörte Abraham gern. Schon oft hatte er Gott eines seiner Tiere zum Geschenk gemacht, um ihm zu zeigen, wie lieb er ihn hatte.

„Geh auf den Berg Morija“, sagte Gott. „Aber diesmal sollst du kein Schaf und keine Kuh opfern, sondern deinen Sohn Isaak.“

Abraham war sehr erschrocken. Das hieß ja, daß er Isaak töten mußte! Wie konnte Gott so etwas von ihm verlangen? So lange hatten sie auf ihren Sohn gewartet. Und nun sollte er ihn wieder hergeben?

In der folgenden Nacht konnte Abraham nicht schlafen. Immerzu mußte er an Gottes Befehl denken. Wie sollt er sich entscheiden?

„Gott macht keine Fehler“, sagte sich Abraham. Trotzdem: Der Gedanke, seinem eigenen Sohn wehzutun, war schrecklich. Aber schließlich wußte Abraham, was er zu tun hatte.

Früh am nächsten Morgen machten sich Abraham und Isaak auf die Reise. Sie kamen zu dem Hügel, auf dem viele Jahre später Gottes eigener Sohn Jesus als Opfer sterben würde.

„Vater“, fragte Isaak, als sie den steilen Weg hinaufstiegen, „ich trage das Brennholz und du die Pfanne mit den glühenden Kohlen, aber wir haben das Opferlamm vergessen, nicht wahr?“ Abraham kämpfte mit den Tränen, als er sagte: „Gott wird für das Opfer sorgen, mein Sohn.“

Gemeinsam bauten sie einen Altar aus großen Steinen, die sie oben auf dem Hügel fanden, und schichteten das Holz darauf. Dann kam der schreckliche Augenblick. Abraham nahm einen Strick, fesselte Isaak und legte ihn auf den Steintisch.

Isaak hätte sich wehren und weglaufen können, denn er war jung und kräftig, Abraham dagegen alt und schwach. Aber er vertraute seinem Vater, genauso wie Abraham Gott vertraute. Abrahams Hand zitterte, als er sein scharfes Messer erhob, und Isaak schloß die Augen.

Genau in diesem Augenblick griff Gott ein. „Halt! Tu dem Jungen nichts an! Ich weiß jetzt, daß du mich mehr liebst als irgend etwas sonst auf der Welt.“

Erleichtert ließ Abraham die Hand sinken und blickte sich um. Da sah er einen Widder, der sich mit seinen Hörnern im Gestrüpp verfangen hatte. Dieses Tier wurde nun anstelle von Isaak Gott zum Opfer dargebracht.

Als Abraham und Isaak beim flackernden Schein des Feuers beieinandersaßen, beobachteten sie, wie die Sterne am Nachthimmel erschienen. Es waren unzählig viele.

Da hörte Abraham wieder die Stimme Gottes: „Ich werde eure Familie so groß machen wie die Zahl der Sterne am Himmel. Und eines Tages wird ein Kind in eurer Familie geboren werden, das zum Retter wird für die ganze Welt.“

1. Mose 25-27

Die ungleichen Zwillinge

Als Isaak erwachsen war, heiratete er eine junge Frau mit Namen Rebekka. Auch sie mußten mehrere Jahre auf ein Kind warten. Aber dann bekamen sie gleich zwei Kinder auf einmal, also Zwillinge.

Bevor die Kinder geboren wurden, hatte Gott zu Rebekka gesagt: „Mit deinem jüngeren Sohn habe ich etwas Besonderes vor. Der ältere wird dem jüngeren dienen."

In jener Zeit war es üblich, daß der älteste Sohn nicht nur den gesamten Besitz seines Vaters erbte und neues Familienoberhaupt wurde. Er bekam auch den Segen und alle Verheißungen Gottes.

Als erster wurde Esau geboren, ein großer, strammer Junge mit einer kräftigen Stimme. Ein paar Minuten später kam Jakob zur Welt. Er war kleiner und zarter als sein Bruder. Esau wurde Jäger und streifte gern in den Wäldern umher. Er war der Lieblingssohn des Vaters. Jakob dagegen blieb lieber zu Hause bei der Mutter. Wenn Isaak seine Söhne betrachtete, war er verwirrt.

„Esau ist so stark und mutig", dachte er. „Warum soll ausgerechnet der schwächliche

Jakob den Segen erben? Der kann ja noch nicht einmal richtig mit Pfeil und Bogen umgehen."

„Das ist doch ungerecht", dachte auch Jakob. „Wenn ich ein paar Minuten früher geboren wäre, hätten alle Verheißungen und der Segen Gottes mir gehört. Ich wollte, ich wäre groß und stark wie Esau, dann hätte Vater mich auch lieb."

Eines Tages hatte Jakob gerade eine Linsensuppe gekocht, als Esau erschöpft und hungrig von der Jagd heimkehrte.

„Das riecht ja großartig", sagte Esau. „Komm, gib mir etwas zu essen. Ich habe einen Bärenhunger!"

„Du kannst die Suppe haben, wenn du mir versprichst, daß ich eines Tages den Segen bekomme", sagte Jakob schnell. Esau war einverstanden und machte sich über die Suppe her. Der Segen Gottes war ihm in diesem Augenblick völlig gleichgültig.

Die Zeit verging. Isaak war inzwischen alt und blind geworden. Eines Tages sagte er zu Esau: „Ich möchte, daß du meinen ganzen Besitz bekommst, wenn ich sterbe. Deshalb will ich dich heute Abend segnen. Allen soll klar sein, daß du nach mir das Oberhaupt der Familie sein wirst. Aber geh vorher noch einmal auf die Jagd und bereite mir mein Lieblingsessen zu. Dann will ich dich segnen."

Als Rebekka und Jakob das hörten, bekamen sie einen Schrecken.

„Esau hat vergessen, was er mir versprochen hat", sagte Jakob.

„Und sein Vater hat vergessen, was Gott zu uns gesagt hat, bevor du geboren wurdest", fügte Rebekka hinzu. „Aber mach dir keine Sorgen. Ich habe schon eine Idee."

1. Mose 28

Der Betrug

Wir werden deinen Vater überlisten, damit *du* den Segen bekommst und nicht Esau", sagte Rebekka zu Jakob. „Ich werde Vaters Lieblingsessen kochen. Du bringst es ihm und tust so, als seist du Esau."

„Vater ist zwar blind", gab Jakob zu bedenken, „aber er wird merken, daß ich nicht so behaart bin wie Esau."

Schnell nähte Rebekka Ärmel aus Ziegenfell für Jakob zusammen. „Und zieh auch noch Kleider von Esau an", rief sie ihm zu, „dann riechst du wie dein Bruder."

„Wer ist da?" fragte Isaak mit schwacher Stimme, als Jakob ins Zelt eintrat.

„Ich bin Esau, dein ältester Sohn", antwortete Jakob mit verstellter Stimme. Sein Herz klopfte heftig. Der Vater schien verwirrt.

„Komm zu mir", sagte Isaak und fuhr mit seinen zittrigen Händen über die Ziegenfelle. „Du fühlst dich zwar an wie Esau und riechst auch so, aber deine Stimme klingt wie die Stimme von Jakob."

Über dem guten Essen, das Jakob ihm mitgebracht hatte, vergaß Isaak aber bald seine Bedenken. Er merkte nicht, daß er Jakob segnete statt Esau.

Als dieser nach Hause kam, mußte er feststellen, daß er von seinem Bruder

betrogen worden war. Außer sich vor Wut tobte er durch das Lager und rief: „Ich bringe ihn um!" Aber es gab keine Möglichkeit, das Geschehene rückgängig zu machen.

„Du mußt fliehen", rief Rebekka ihrem Sohn Jakob zu. „Am besten gehst du zu Onkel Laban. Das ist zwar ein weiter Weg, aber dort wird Esau dich bestimmt nicht suchen."

So machte sich Jakob auf den Weg. Immer wieder schaute er sich ängstlich um, denn er hatte Angst, Esau könnte ihn verfolgen. Er benutzte einen einsamen Pfad durch die Berge.

„Ich wünschte, ich wäre zu Hause in Sicherheit!" dachte er, als er sich abends auf dem harten Boden zum Schlafen ausstreckte. Er wußte jetzt, daß es Unrecht gewesen war, seinen Vater zu betrügen.

Es dauerte lange, bis Jakob in dieser Nacht einschlief. Seinen Kopf hatte er auf einen flachen Stein gelegt. Bald darauf schickte Gott ihm einen wunderbaren Traum. Jakob sah eine große Leiter vor sich, die bis in den Himmel hinaufreichte. Auf der Leiter stiegen Engel herab und wieder hinauf. Dann erschien Gott selbst am Ende der Leiter und sprach zu Jakob. „Ich will dich nicht verlassen", sagte er, „sondern dieses Land soll dir und deinen Nachkommen gehören."

Als Jakob aufwachte, war sein erster Gedanke: „Diese Stätte ist heilig. Hier wohnt Gott."

Er nahm ein kleines Fläschchen mit Öl, das ihm seine Mutter mitgegeben hatte, goß es über den Stein, auf dem er in der Nacht geschlafen hatte, und brachte Gott ein Opfer dar.

„Wenn Gott mich eines Tages an diese Stelle zurückkehren läßt", sagte er, „werde ich ihm hier ein Haus bauen." Er nannte den Ort Bethel, Haus Gottes.

Der listige Onkel

Jakobs Onkel Laban war ein geiziger Mann, der stets nur an seinen eigenen Vorteil dachte.

„Du kannst ruhig bei uns bleiben", sagte Laban zu Jakob. Er konnte seinen Neffen sehr gut bei der Feldarbeit gebrauchen. Jakob freute sich über das Angebot, denn Laban hatte eine schöne Tochter mit Namen Rahel.

„Ich glaube, ich habe mich verliebt", dachte er, als er Rahel half, die Schafe zu hüten.

Nach einem Monat sagte Laban zu Jakob: „Du sollst nicht umsonst bei mir arbeiten. Sag mir, welchen Lohn ich dir geben soll."

„Ich möchte keinen Lohn", sagte Jakob und blickte zu Rahel hinüber. „Ich werde sieben Jahre für dich arbeiten, wenn ich Rahel heiraten darf."

„Einverstanden!" sagte Laban mit einem listigen Funkeln in den Augen.

Rahel und Jakob hatten sich so lieb, daß ihnen die Zeit bis zur Hochzeit schnell verging. Aber dann gab es eine bittere Enttäuschung.

Rahel hatte eine ältere Schwester, Lea. Diese war nicht so schön wie Rahel, aber Laban wollte sie zuerst verheiraten. Außerdem dachte Laban dabei auch an seinen Vorteil.

„Jakob leistet mir so gute Dienste", kicherte er in sich hinein. „Er soll ruhig noch einmal sieben Jahre für Rahel arbeiten, wenn er sie wirklich liebt." Und so verkleidete er Lea als Braut und gab sie Jakob zur Frau.

Als Jakob den Betrug entdeckte, war er außer sich. Nun mußte er selbst erleben, wie es ist, wenn man betrogen wird!

„Meinetwegen kannst du auch Rahel heiraten", beruhigte ihn der Onkel, „aber du mußt noch einmal für sie arbeiten."

Jakob hatte Rahel so lieb, daß er noch einmal sieben Jahre für sie arbeitete.

Die folgenden Jahre waren nicht sehr

angenehm für Jakob. Die beiden Schwestern lebten in ständigem Streit miteinander. Lea hatte schon mehrere Söhne geboren und blickte verächtlich auf Rahel herab, die noch kein Kind hatte. Endlich bekam auch Rahel einen Sohn. Er wurde Josef genannt.

Immer häufiger dachte Jakob an seine Heimat. Wie mochte es seiner Familie gehen? Ob Esau immer noch böse auf ihn war?

Aber Laban wollte ihn nicht gehen lassen. Da machte sich Jakob mit seinen beiden Frauen, den Kindern, seinen Knechten und einer großen Viehherde heimlich auf den Weg.

Als Laban davon erfuhr, rief er alle seine Männer zusammen, um Jakob zu verfolgen.

Unterwegs hörte er plötzlich die warnende Stimme Gottes: „Ich weiß sehr wohl, was du vorhast! Laß die Hände weg von Jakob. Er ist mein Freund."

Laban war so erschrocken, daß er die Verfolgung aufgab und sich mit Jakob versöhnte.

Jakob war erleichtert. „Jetzt hoffe ich, daß Gott mich auch vor meinem Bruder Esau beschützt. Kommt, laßt uns weiterziehen in unsere Heimat, in das Land Kanaan."

Josef wird verkauft

Hier ist die Stelle! Kommt alle her! Hier ist Bethel!" rief Jakob aufgeregt. Hunderte von Kilometern und viele Abenteuer lagen hinter ihnen, und nun waren sie endlich am Ziel.

„Hier bei diesen Felsen träumte ich von der Himmelsleiter", erklärte er seinem jüngsten Sohn. „Damals besaß ich nicht mehr als einen Wanderstab und ein Fläschchen mit Öl. Und sieh nur, was Gott mir alles geschenkt hat!" Zufrieden ließ Jakob den Blick über seine große Familie, die zahlreichen Diener und die riesige Tierherde schweifen. Und dann die Sache mit seinem Bruder: Noch vor wenigen Tagen war Esau ihnen mit vierhundert bewaffneten Männern entgegengezogen. Auch da hatte Gott ihn nicht im Stich gelassen, sondern ihm geholfen, sich mit seinem Bruder zu versöhnen.

„Ich hatte wirklich Angst, er würde uns alle töten", erinnerte sich Jakob. „Aber nun wird alles gut."

Das war leider ein Irrtum. Als sie den Ort erreichten, der später Bethlehem genannt wurde, starb Rahel bei der Geburt ihres zweiten Sohnes Benjamin. Josef vermißte seine Mutter sehr, und er liebte seinen kleinen Bruder über alles.

Die Söhne Leas ärgerten Josef, wo sie nur konnten. Sie haßten ihn, weil sein Vater ihn bevorzugte. Eines Tages hatte Isaak seinem Lieblingssohn ein buntes Gewand geschenkt. Außerdem hatte Josef merkwürdige Träume, die seine Brüder noch mehr ärgerten.

„Ich habe geträumt, wir hätten Korn geschnitten", erzählte er eines Morgens. „Nachdem wir es zu Garben zusammengebunden hatten, verneigten sich eure Garben vor meiner Garbe."

Natürlich waren die Brüder wütend.

Eines Tages, als die großen Brüder in einem entfernten Tal die Schafe hüteten, sagte der Vater zu Josef: „Ich mache mir Sorgen um deine Brüder; sie sind schon so lange fort. Geh doch bitte und sieh nach, ob alles in Ordnung ist."

Die zehn Brüder sahen Josef schon von weitem kommen. „Das ist unsere Gelegenheit", flüsterten sie. „Wir werfen ihn einfach in den ausgetrockneten Brunnen dort. Da kann der Träumer sitzen, bis er verhungert."

Gesagt getan. Sie packten ihren Bruder, rissen ihm das bunte Gewand vom Leib und stießen ihn in den dunklen Brunnenschacht hinunter. Dann setzten sie sich zum Essen nieder.

In diesem Augenblick kam eine kleine Handelskarawane vorbei, die nach Ägypten reiste.

„Könnt ihr einen jungen Sklaven gebrauchen? Wir haben einen zu verkaufen", rief Juda. Und zu seinen Brüdern sagte er leise: „Auf diese Weise werden wir Josef für immer los und bekommen sogar noch Geld dafür."

Josef wurde mit einem Seil aus dem Brunnen gezogen und hinten an ein Kamel gebunden. Seine Brüder bekamen jeder zwei Silberstücke.

Da konnte Josef die Tränen nicht mehr zurückhalten. „Ob ich meinen Vater und den kleinen Benjamin wohl je wiedersehen werde?" fragte er sich. „Aber mein Vater hat mir so oft davon erzählt, wie Gott ihn beschützte, als er in ein fremdes Land ziehen mußte. Ich will darauf vertrauen, daß er auch bei mir sein wird."

Josefs zehn Brüder waren inzwischen wieder nach Hause zurückgekehrt.

„Vater, wir haben Josefs Gewand gefunden", sagten sie scheinheilig zu Jakob und deuteten auf einen bunten Stoffetzen, den sie vorher mit Blut beschmiert hatten. „Josef ist bestimmt von einem wilden Tier gefressen worden."

Jakob war untröstlich, denn er dachte natürlich, Josef sei tot. In Wirklichkeit jedoch fing Gottes Plan mit Josef gerade erst an.

1. Mose 37; 39-41

Josef im Gefängnis

Auf dem Sklavenmarkt in Ägypten wurde Josef von Potifar, einem Offizier des Königs, gekauft. Josef arbeitete fleißig für seinen Herrn. Potifar war sehr zufrieden mit ihm, so sehr, daß er ihn zum Verwalter seines Hauses und seiner Güter machte.

So ging es Josef recht gut, bis die Sache mit Potifars Frau passierte. Die Frau hatte sich in Josef verliebt und bedrängte ihn, zu ihr zu kommen. Aber Josef wollte seinen Herrn nicht betrügen, und außerdem wußte er, daß es auch vor Gott Unrecht wäre, sich mit der Frau eines anderen Mannes einzulassen.

Potifars Frau war gekränkt. So begann sie, Lügen über Josef zu verbreiten, und Potifar ließ ihn ins Gefängnis werfen. Niemand glaubte Josef, daß er unschuldig war.

Im Gefängnis war es dunkel und feucht, kaum ein Gefangener kam dort lebend wieder heraus. Aber Josef wußte, daß Gott sogar im Gefängnis bei ihm war. Er jammerte nicht, sondern begann, sich um die anderen Gefangenen zu kümmern.

Eines Nachts hatte einer von ihnen einen Traum, der ihm Angst machte. „Hilf mir, Josef", stöhnte er. „Frage deinen Gott, was dieser Traum zu bedeuten hat."

„Du brauchst keine Angst zu haben", sagte Josef, nachdem er gebetet hatte. „Der Traum bedeutet, daß du bald aus dem Gefängnis entlassen wirst und wieder arbeiten darfst."

„Ich bin ein Diener des Pharaos, des Königs von Ägypten. Wenn ich entlassen werde, bitte ich den König, daß er dich freiläßt", antwortete der Mann dankbar. Aber als er dann wirklich freikam, dachte er nicht mehr an Josef.

Doch eines Nachts hatte auch der Pharao einen schrecklichen Traum.

„Sagt mir, was das zu bedeuten hat!" forderte er von seinen Ratgebern. Aber niemand konnte den Traum deuten. Darüber wurde der König so zornig, daß alle Angst bekamen. Da erinnerte sich sein Diener plötzlich wieder an Josef.

„Majestät", sagte er vorsichtig, „ich kenne einen Mann, der Euch vielleicht helfen kann."

Bald darauf eilten Soldaten zum Gefängnis und brachten Josef zum Palast.

„Man hat mir gesagt, du kannst Träume deuten", sagte der König.

„Nein, Majestät, das kann ich nicht", antwortete Josef ruhig. „Aber Gott kann es." Der Pharao sah Josef lange an.

„Nun gut", begann er. „Ich sah sieben fette Kühe aus dem Nil heraussteigen. Und dann kamen sieben magere Kühe und fraßen sie auf. Aber die mageren Kühe wurden davon nicht dicker. Kannst du mir sagen, was das zu bedeuten hat?"

„Majestät", erklärte Josef, „Gott zeigt Euch, was geschehen wird. Wenn Ihr seine Warnung beherzigt, könnt Ihr verhindern, daß Euer ganzes Volk umkommt. Sieben Jahre lang wird es reichliche Ernten geben. Aber dann werden sieben schlimme Jahre folgen, in denen überhaupt nichts auf den Feldern wächst. Ihr solltet große Vorratsscheunen bauen lassen und alles überschüssige Getreide der guten Jahre dort aufbewahren, sonst werden in den schlimmen Jahren Tausende von Menschen und Tieren verhungern."

„Du bist der klügste Mann, den ich kenne", rief der König. „Ich mache dich zu meinem obersten Minister. Sorge du selbst dafür, daß genügend Getreidevorräte angelegt werden."

So wurde aus Josef, dem armseligen Sklaven und Gefangenen, einer der mächtigsten Männer der Welt. Auch das gehörte zu Gottes Plan.

Josef wird Minister

Es kam, wie Josef es angekündigt hatte. Sieben Jahre lang gab es sehr gute Ernten, und Josef ließ große Vorräte anlegen. Aber in den folgenden sieben Jahren regnete es nicht, und die Saat auf den Feldern vertrocknete. In den meisten Ländern brach eine Hungersnot aus. Nur in Ägypten gab es genug zu essen.

Eines Tages kamen zehn Männer von weither nach Ägypten gereist, um Korn zu kaufen. Josef traute seinen Augen kaum – das waren doch seine Brüder! Die Brüder dagegen erkannten Josef nicht. In seinen vornehmen Kleidern sah er aus wie ein Ägypter. Da kam Josef der Gedanke, seine Brüder auf die Probe zu stellen. Er wollte herausfinden, ob sie immer noch so hartherzig waren wie früher.

„Was wollt ihr hier?" fuhr er die zehn an, als sie vor seinem Thron standen. „Bestimmt seid ihr feindliche Spione."

„Aber nein, hoher Herr!" wehrte Juda ab. „Wir sind hergekommen, um Lebensmittel für unseren alten Vater und unseren jüngsten Bruder Benjamin zu kaufen. Wenn wir kein Getreide bekommen, müssen wir verhungern."

„Bringt das nächste Mal euren jüngsten Bruder mit", befahl Josef. „Sonst bekommt ihr kein Getreide von uns."

„Das geht nicht", erwiderte Juda entsetzt. „Wenn Benjamin etwas zustoßen sollte, würde unser Vater das nicht überleben."

„Nur wenn ihr euren jüngsten Bruder mitbringt, will ich euch glauben, daß ihr keine Spione seid", antwortete Josef. „Und damit ich sicher sein kann, daß ihr zurückkommt, bleibt einer von euch solange hier. Das ist mein letztes Wort!"

Schwer beladen mit Getreidesäcken machten sich die Brüder auf den Heimweg nach Kanaan. Simeon blieb als Pfand zurück in Ägypten.

„Das Getreide aus Ägypten ist aufgebraucht", sagte Juda einige Monate später zu seinem Vater Jakob. „Wenn wir Benjamin nicht mitnehmen, müssen wir alle verhungern." Schweren Herzens ließ der Vater sie ziehen.

„Ich werde Benjamin schützen", versprach Juda. „Und wenn es mein Leben kostet."

Als Josef seine Brüder erblickte, wie sie mit gesenkten Köpfen dastanden und auf ihn warteten, hätte er sich am liebsten zu erkennen gegeben und Benjamin in die Arme genommen. Aber er wollte seinen Plan zu Ende führen. So ließ er sie mit prall gefüllten Getreidesäcken wieder abreisen.

Die Brüder waren erleichtert über diesen guten Ausgang. Aber ihre Freude dauerte nur kurz. Sie waren erst ein paar Kilometer geritten, da holte sie einer von Josefs Dienern ein.

„Halt!" rief er ihnen zu. „Einer von euch hat den wertvollsten Silberbecher meines Herrn gestohlen. Der Dieb soll für immer sein Sklave sein."

Nachdem alle Getreidesäcke durchwühlt worden waren, fand man den Becher schließlich in Benjamins Reisegepäck. Dort hatte ihn Josef heimlich versteckt.

„Ihr andern könnt nach Hause reiten", sagte der Diener. „Aber der hier kommt mit mir." Als er sich mit Benjamin entfernte, fingen die zehn Brüder an zu weinen.

„Wir können ihn nicht im Stich lassen", sagten sie. „Laßt uns alle umkehren."

Da erkannte Josef, daß seine Brüder sich geändert hatten, und er sagte ihnen endlich, wer er war.

„Ihr braucht nicht zu erschrecken", sagte er, „ich habe euch vergeben. Ihr wolltet mir etwas Böses antun, aber Gott hat etwas Gutes daraus entstehen lassen. Er hat mich nach Ägypten geschickt, damit wir alle vor dem Hungertod bewahrt werden. Geht zurück und holt unseren Vater und den Rest der Familie nach Ägypten. Dann kann ich hier für euch sorgen."

Das Körbchen im Schilf

Sehr viele Jahre waren vergangen, seit Josef das Land Ägypten vor einer Hungersnot bewahrt hatte. Der neue ägyptische König wußte nichts mehr von den alten Geschichten. Jakob und seine Söhne waren längst tot, aber sie hatten so viele Nachkommen, daß nun viele Tausend Israeliten in Ägypten lebten.

„Irgendwie muß ich sie loswerden", dachte der Pharao. „Sonst fangen sie eines Tages noch einen Aufstand gegen uns an."

„Ich mache euch alle zu Sklaven", verkündete er drohend. „Ihr werdet von nun an hart für mich arbeiten."

Tag für Tag wurden die Israeliten von den Ägyptern zur Arbeit angetrieben. In der heißen Sonne mußten sie Städte bauen, Paläste und Pyramiden errichten.

„Es gibt immer noch viel zu viele Israeliten", sagte der Pharao eines Tages. „Soldaten", befahl er, „werft jeden neugeborenen israelitischen Jungen in den Fluß!"

„Gott, hilf uns!" riefen die Israeliten verzweifelt, und Gott hörte sie. Eines Tages wurde in einer armseligen Sklavenhütte ein kleiner Junge geboren, der später einen ganz besonderen Auftrag bekommen sollte.

„Wir können doch nicht einfach abwarten, bis sie ihn holen und ertränken", schluchzte die Mutter des Jungen. „Aber wenn wir ihn hierbehalten, werden die Soldaten ihn schreien hören."

Da kam ihr die rettende Idee. Sie nahm einen Weidenkorb und bestrich ihn von außen mit Pech, so daß er wasserdicht wurde. Dort hinein legte sie das Baby. Am frühen Morgen, als noch alle schliefen, schlich sie heimlich mit ihrer ältesten Tochter Mirjam zum Fluß. Dort versteckten sie das Körbchen im Schilf. Mirjam blieb zurück, um ihren kleinen Bruder zu bewachen.

Plötzlich erstarrte sie vor Schreck. Sie hörte Schritte. Es war die Prinzessin, die Tochter des Pharaos, die den Weg zum Fluß herunterkam. Zitternd vor Angst beobachtete Mirjam, wie die Prinzessin ins Wasser stieg, um zu baden.

„Geh und hol mir das Körbchen dort drüben", sagte die Prinzessin zu einer ihrer Dienerinnen. Mirjam blieb vor Schreck fast das Herz stehen.

„O seht nur", rief die Prinzessin erstaunt, „was für ein niedliches kleines Baby. Ich will nicht, daß mein Vater es ertränken läßt. Ich möchte es gerne behalten."

In diesem Augenblick fing der Kleine lauthals an zu schreien.

„Er hat bestimmt Hunger", sagte die Prinzessin besorgt. „Was soll ich nur tun?"

Da kam Mirjam aus ihrem Versteck hervor und sagte: „Ich werde jemanden suchen, der das Kind stillen kann." Rasch lief sie los und holte ihre Mutter

„Du kannst den Jungen für mich versorgen, solange er noch klein ist", sagte die Tochter des Pharaos zu der Mutter. Später bringst du ihn zu mir in den Palast. Ich werde das Kind Mose nennen." So kam es, daß der kleine Mose bei seiner Familie aufwachsen durfte. Seine Mutter erzählte ihm davon, daß Gott versprochen hatte, die Israeliten eines Tages in ihr eigenes Land zu führen. Noch ahnte niemand, daß Mose dabei eine wichtige Rolle spielen würde.

2. Mose 2-4

Ein Prinz muß fliehen

Als Mose alt genug war, brachten ihn seine Eltern in den Palast des Pharaos.

Hier wurde er wie ein Prinz erzogen. Er trug schöne Kleider, aß erlesene Speisen und wurde von den besten Lehrern unterrichtet. Aber niemals vergaß er, daß er zum Volk Israel gehörte.

Eines Tages besuchte Mose die israelitischen Arbeiter auf der Baustelle des Pharaos.

Er war entsetzt, als er sah, wie schwach und elend die meisten Sklaven aussahen. Er beobachtete, wie ein alter Mann, der eine schwere Ladung Ziegelsteine auf dem Rücken schleppte, vor Erschöpfung hinfiel.

Schon kam der ägyptische Aufseher herbei und peitschte den Alten unbarmherzig aus. Mose war empört. Niemand sonst schien den Vorfall zu bemerken. Da stürzte er sich auf den Ägypter und schlug ihn tot.

„Jetzt wird mein Volk erkennen, daß ich ihr Befreier bin", dachte Mose stolz, während er den Ägypter im Sand verscharrte. Aber da hatte er sich geirrt.

Als er am nächsten Tag einen Streit zwischen zwei Israeliten schlichten wollte, fragte ihn einer der beiden: „Wie kommst du dazu, dich als unser Führer aufzuspielen? Willst du uns auch töten, wie du den Ägypter getötet hast?"

Mose erschrak. Also hatte doch jemand seine Tat beobachtet. Dann würde bald auch der Pharao davon erfahren.

Mose floh in die Wüste.

Eines Tages – Mose war inzwischen ein alter Mann geworden – geschah etwas Merkwürdiges. Mose hütete Schafe. Da sah er einen Dornbusch, der in Flammen stand, aber doch nicht verbrannte. Mose ging hin, um sich die Sache aus der Nähe zu besehen. Da hörte er eine Stimme aus den Flammen heraus:

„Mose!"

„Wer ist da?" fragte Mose erschrocken.

„Ich bin Gott, der immer war und immer sein wird", antwortete die Stimme. „Zieh deine Schuhe aus, denn dies ist ein heiliger Ort."

Mose erschrak noch mehr. Da sprach Gott weiter: „Lange genug habe ich zugesehen, wie grausam mein Volk in Ägypten behandelt wird. Nun will ich seine Hilferufe erhören. Geh zum Pharao und sag ihm, er soll mein Volk freilassen."

„Ich?" rief Mose abwehrend. „Auf mich hört der Pharao bestimmt nicht."

„Ich werde dafür sorgen, daß er es tut", sagte Gott. „Dann kannst du die Israeliten zurückführen in das Land, das ich ihnen vor langer Zeit versprochen habe."

„Aber ich kann nicht gut reden. Bitte schick einen andern", wandte Mose nun ein.

„Nimm deinen Bruder Aaron mit, er wird für dich sprechen", antwortete Gott.

Da trieb Mose seine Schafe zusammen und machte sich auf den weiten Weg nach Ägypten.

Frösche und andere Plagen

Wie könnt ihr es wagen!“ Die Stimme des Pharaos dröhnte durch den Thronsaal. Seine Augen funkelten vor Zorn, als er Mose und Aaron anblickte. Aaron wiederholte seine Botschaft: „Gott der Herr sagt: ‚Laß mein Volk fortziehen!‘“

Der Pharao geriet außer sich. „Es gibt keinen Herrn außer mir! Ihr seid faules Gesindel. Von jetzt an sollt ihr doppelt soviel arbeiten wie bisher. Und wer das nicht tut, den werden die Aufseher noch härter schlagen.“

Die israelitischen Arbeiter waren zornig auf Mose und Aaron. „Jetzt wird alles noch schlimmer“, schimpften sie, „und ihr seid schuld daran.“

Mose und Aaron waren verzweifelt.

„Wartet nur“, sagte Gott, „bald werde ich allen deutlich zeigen, wie mächtig ich bin. Geht morgen früh zum Nil hinunter, wenn der Pharao im Fluß badet, und sagt ihm, daß schreckliche Plagen über Ägypten kommen werden, wenn er mein Volk nicht fortziehen läßt.“

Und genau so kam es. Der Pharao wollte gerade den Fuß ins Wasser setzten, da merkte er, daß sich das Nilwasser in Blut verwandelt hatte. Tagelang konnte niemand in Ägypten frisches Wasser trinken, alle Fische starben, und es stank fürchterlich.

Dann schickte Gott Tausende von Fröschen. Wo man ging und stand, überall stolperte man über die glitschigen, quakenden Tiere. Sie sprangen in die Betten, auf die Tische, ja sogar in Teller und Schüsseln.

„Mose“, rief der Pharao, „sag deinem Gott, er soll die ekligen Frösche wegnehmen. Ihr könnt fortziehen.“

Aber kaum waren die Froschplage vorbei, überlegte der Pharao es sich wieder anders, und die Israeliten mußten bleiben.

Dann kamen Schwärme von Stechmücken und fielen über die Ägypter her. Bald waren alle Leute von oben bis unten mit Stichen bedeckt.

Dann gab es eine Seuche unter dem Vieh der Ägypter. Viele Tiere starben an der Viehpest. Auch die Menschen wurden krank, sie bekamen Geschwüre am ganzen Körper.

Als der Pharao die Israeliten immer noch nicht ziehen ließ, schickte Gott schwere Unwetter. Riesige Hagelkörner fielen vom Himmel und vernichteten die ganze Ernte der Ägypter.

„Es tut mir leid, daß ich euch so schlecht behandelt habe“, sagte der Pharao zu Mose. „Bitte deinen Gott, daß er das Unwetter aufhören läßt. Ihr könnt fortziehen.“

Aber kaum war das Unwetter vorüber, dachte der Pharao nicht mehr an sein Versprechen.

Bald darauf kamen Schwärme von Heuschrecken ins Land geflogen. Gierig fielen sie über alles her, was grün war, und in kürzester Zeit waren alle Bäume kahlgefressen. Ganz Ägypten sah aus wie eine Wüste.

Im Palast versammelten sich die wichtigsten Männer des Landes. „Laß die Israeliten endlich fortziehen“, flehten sie den Pharao an. „Merkst du nicht, daß wir nichts mehr zu essen haben? Wir sind am Ende!“

Wieder versprach der Pharao, die Sklaven freizulassen. Daraufhin schickte Gott einen Wind, der die Heuschrecken fortblies. Aber der Pharao dachte schon nicht mehr an sein Versprechen.

Da wurde Gott sehr zornig, und er schickte eine große Finsternis. Tagelang ging die Sonne nicht auf, und es entstand ein heilloses Durcheinander im ganzen Land.

„Jetzt lasse ich die Sklaven ziehen“, sagte der Pharao, aber sobald die Sonne wieder schien, wollte er sich nicht mehr daran erinnern, was er gesagt hatte.

Aufbruch im Morgengrauen

Packt alles zusammen! Es geht bald los!" riefen Mose und Aaron den israelitischen Sklaven zu.

„Aber der Pharao hat es doch nicht erlaubt!" antworteten sie ängstlich.

„Morgen früh", erwiderte Mose, „wird er uns gehen lassen, denn heute Nacht wird Gott die Ägypter strafen. Der älteste Sohn in jeder Familie wird sterben und das beste Vieh im Stall."

„Und was geschieht mit unseren Söhnen?" fragten die Israeliten erschrokken.

„Gott wird sie verschonen. Jede Familie soll am Abend ein Lamm schlachten und mit dem Blut die Türpfosten bestreichen. Wenn Gott das Blut sieht, wird euch nichts passieren."

An jenem Abend stärkten sich die Israeliten noch einmal mit einer guten Mahlzeit für die anstrengende Reise. In jeder Familie stand das Gepäck griffbereit.

Plötzlich drang ein lauter Klageruf vom Palast her durch die Stille der Nacht. Der Pharao hatte entdeckt, daß sein ältester Sohn tot im Bett lag.

„Hätte ich doch auf Mose gehört!" klagte er. Am nächsten Morgen trauerte jede ägyptische Familie um einen Sohn.

„Zieht endlich fort!" rief der Pharao, noch bevor es richtig hell war.

Überall aus den Sklavenhütten kamen die Menschen heraus und machten sich auf den Weg. Die Väter trieben Schafe und Ziegen vor sich her, die Mütter trugen die Säuglinge, und die Großmütter nahmen die kleinen Kinder an die Hand. Endlich waren sie frei!

2. Mose 13; 14

Ein Weg durchs Meer

Wie sollen wir bloß den Weg finden in das Land, das Gott uns versprochen hat?" wollten die Menschen von Mose wissen.

„Gott wird dafür sorgen, daß wir uns nicht verlaufen", antwortete Mose. „Seht mal!" Er deutete auf eine große Wolke, die wie eine Rauchsäule vor ihnen am Himmel stand. Während der Wanderung zog die Wolke vor ihnen her, und wenn es Zeit war zu rasten, blieb sie stehen. In der Nacht glühte sie rot wie Feuer und erleuchtete das Lager. So wußte jeder, daß Gott bei ihnen war.

Nach einigen Tagen erreichten die Israeliten das Rote Meer. Sie freuten sich über die Rast.

Doch plötzlich hörten sie in der Ferne Geräusche, die schnell näherkamen. Alle sprangen erschrocken auf, denn sie wußten sofort, was das zu bedeuten hatte. Es war der Pharao mit einer ganzen Armee von Soldaten! Bald schon konnten die Israeliten die galloppierenden Kriegspferde und die blitzenden Schwerter der Soldaten erkennen.

„Wir sitzen in der Falle!" jammerten die Menschen. Vor ihnen lag das Meer, und hinter ihnen waren die Ägypter.

„Du hättest uns nie aus Ägypten fortführen sollen, Mose", schrien die Israeliten und rannten kopflos durcheinander.

„Bleibt ruhig!" rief Mose mit dröhnender Stimme. „Gott wird für uns sorgen."

Im gleichen Augenblick bemerkten sie, daß die Wolke sich bewegt hatte. Sie stand jetzt hinter ihnen und versperrte den feindlichen Soldaten die Sicht.

„Geht vorwärts", rief Mose und zeigte mit seinem Hirtenstab über die Wellen.

„Aber wir können doch nicht ins Meer laufen!" jammerten die Menschen. „Wir werden ertrinken."

Da erhob sich ein mächtiger Wind und blies ihnen einen Weg frei mitten durch das Meer. Dann gingen sie los. Sie brauchten die ganze Nacht, um an das andere Ufer zu kommen. Als es hell wurde, erreichte das Heer des Pharaos den Strand.

„Ihnen nach!" rief der Anführer und führte seine Reiter und Streitwagen in den Schlamm hinein. Die Ägypter hatten gerade die Mitte des Meeres erreicht, als der letzte Israelit am anderen Ufer ankam. Die ägyptischen Streitwagen blieben bald im Schlamm stecken, und auch die Pferde kamen nicht mehr vorwärts.

„Laßt uns umkehren!" riefen die Soldaten, aber es war zu spät. Die Wellen schlugen über ihren Köpfen zusammen.

„Jetzt sind wir wirklich frei", atmeten die Israeliten auf. „Der Pharao und seine Soldaten werden uns nie wieder quälen. Und all das hat Gott für uns getan!" Dankbar stimmten sie ein Lied an.

2. Mose 15-17

In der Wüste

„Warum müssen wir ausgerechnet durch die Wüste reisen?" fragten sich die Israeliten mürrisch. „Überall lauern Gefahren. Hätte Gott uns nicht einen bequemeren Weg führen können?"

„Gott möchte euch zeigen, wie gut er für euch sorgen kann", antwortete Mose.

„Aber wir haben schon seit drei Tagen kein frisches Wasser gehabt", beklagten sich die anderen. „Bald werden wir verdursten!" Da wurde bekannt, daß jemand einen kleinen Tümpel entdeckt hatte. Sofort rannten alle los und tauchten ihre Becher ins Wasser. Aber welche Enttäuschung!

„Das Wasser schmeckt widerlich!" riefen sie enttäuscht. „Bah! Das kann man gar nicht trinken." Selbst die Tiere spuckten die eklige Brühe aus. Die Kinder begannen zu weinen.

Voller Verzweiflung wandte sich Mose an Gott und bat ihn um Hilfe. Gott zeigte ihm ein Stück Holz und sagte: „Wirf das Holz in das Wasser, dann könnt ihr davon trinken."

Und genau so war es. Gierig stillten danach alle ihren Durst.

„Seht ihr", sagte Mose zum Volk, „Gott läßt euch nicht im Stich."

Aber leider vergaßen die Menschen diese Erfahrung sehr rasch wieder. Immer tiefer wanderten sie in die Wüste hinein. Bald waren auch ihre Lebensmittelvorräte aufgebraucht.

„Wir haben Hunger", murrten sie ärgerlich. „Wir hätten nie aus Ägypten weggehen sollen!"

Da sprach Gott zu Mose: „Ich werde euch Brot und Fleisch zu essen geben. Keiner braucht Hunger zu leiden."

An diesem Abend ließ sich ein riesiger Vogelschwarm in der Nähe des Lagers nieder.

„Das sind Wachteln", rief einer. „Gebraten schmecken die köstlich." So bekam jeder Fleisch genug.

Am nächsten Morgen war der Boden

bedeckt von kleinen weißen Körnern.
„Was ist das?“ fragten die Menschen verwundert.
„Das ist Manna“, erklärte Mose, „Brot vom Himmel.“ Sie hoben die Körner auf und probierten vorsichtig. Das Manna schmeckte köstlich, so ähnlich wie Honigkuchen.
„Sammelt euch soviel auf, wie ihr für heute braucht“, rief Mose. „Morgen gibt es wieder etwas.“ Von da an brauchte sich niemand mehr Sorgen um das Essen zu machen, denn an jedem Tag gab Gott ihnen Brot, bis sie das Land Kanaan erreichten.
Hunger und Durst waren aber nicht die einzigen Gefahren der Wüste.
Hinter den zerklüfteten Felsen lauerten wilde Bergvölker, die Amalekiter. Denen gefiel es gar nicht, daß die Israeliten durch ihr Gebiet zogen. Plötzlich sprangen sie aus ihren Verstecken hervor und griffen die Israeliten mit Äxten und Schwertern an.
Mose hörte die furchteinflößenden Kampfrufe und sah sich bestürzt um.
„Schnell, Josua“, sagte er zu einem tapferen jungen Mann, „wähle dir ein paar starke Männer aus. Während ihr kämpft, will ich auf den Berg dort drüben steigen und Gott bitten, daß er euch hilft.“
Mose stieg auf den Berg und betete mit hoch erhobenen Armen zu Gott. Der Kampf dauerte so lange, daß Mose müde Arme bekam und aufhörte zu beten. Jedesmal wenn Mose seine Arme sinken ließ, siegten die Amalekiter. Als Moses Bruder Aaron das bemerkte, ging er mit einem Freund zu Mose auf den Berg, und sie stützten Moses Arme. Da gewannen die Israeliten.
Als die Sonne unterging, waren die Amalekiter geschlagen. Dankbar bauten die Israeliten ihrem Gott einen Altar, denn sie wußten, daß eigentlich er die Schlacht für sie gewonnen hatte.

2. Mose 19; 20

Die Zehn Gebote

Mose führte das Volk Israel zum Berg Sinai. Als die Menschen vor sich das mächtige Gebirge aufragen sahen, schien es ihnen, als ob der Gipfel bis an den Himmel reichte.

„Hier am Sinai hat Gott zum ersten Mal zu mir gesprochen", erzählte Mose ihnen. „Jetzt möchte er an diesem Ort zu euch allen reden."

Das ganze Lager wurde gereinigt, und die Menschen bereiteten sich auf die Begegnung mit Gott vor. Am dritten Tag hüllte eine große, dunkle Rauchwolke den Gipfel des Berges ein. Feuer sprühte zwischen den Felsen hervor, und die Erde dröhnte und bebte. Die Menschen zitterten, denn sie wußten: Gott ist nahe.

Mose und Aaron stiegen allein auf den Berg. Dort redete Gott zu ihnen:

„Ich bin der Herr, euer Gott", sagte er. „Ich habe euch aus Ägypten geführt. Unter allen Menschen habe ich euch ausgesucht, damit ihr mein Volk sein sollt. Darum sollt ihr meine Gebote halten." Und er gab ihnen zehn Gebote:

1. Ich bin dein Gott. Du sollst mich ehren und mir allein dienen.
2. Du sollst keine anderen Götter außer mir anbeten.
3. Du sollst meinen Namen mit Ehrfurcht aussprechen.
4. Am siebten Tag der Woche sollst du ruhen und nicht arbeiten.
5. Du sollst Vater und Mutter achten und lieben.
6. Du sollst nicht töten.
7. Du sollst nicht die Ehe brechen.
8. Du sollst nicht stehlen.
9. Du sollst nicht lügen.
10. Du sollst nicht neidisch sein auf Dinge, die andere Menschen besitzen.

Gott erklärte Mose, was diese Gesetze im alltäglichen Leben der Menschen bedeuteten. Und Mose erklärte alles dem Volk.

„Wollt ihr einen Bund mit mir schließen?" fragte Gott. „Ich verspreche euch, daß ich euch in das Verheißene Land bringen und immer für euch sorgen werde, wenn ihr mir versprecht, daß ihr mich lieben werdet und diese Regeln einhaltet."

„Wir versprechen es", sagte das ganze Volk.

„Wenn ihr euch aber nicht an euer Versprechen haltet", warnte Gott, „dann muß ich euch strafen."

Der goldene Stier

Gott wollte die Zehn Gebote auf Steintafeln schreiben. Deshalb gingen Mose und Josua noch einmal hinauf auf den Berg, um die Tafeln in Empfang zu nehmen. Aaron und das Volk Israel blieben unten. Oben auf dem Berg redete Gott lange mit Mose. Er erklärte ihm noch einmal alle Einzelheiten seiner Gesetze. Schließlich bekam Mose zwei große Steintafeln mit Gottes Geboten.

Das Volk unten wurde langsam ungeduldig. Tag für Tag blickten sie zum Berg hinauf, aber Mose kam nicht zurück.

„Vielleicht ist er tot", meinte jemand. „Was soll bloß aus uns werden hier in der Wüste?"

„Wir brauchen einen Gott, den wir sehen können", rief einer. „Wie die Götter, die sie in Ägypten hatten."

„Ihre Götter waren so schön und prächtig", stimmten die anderen zu, „aus feinem Gold und mit Juwelen verziert."

„Laßt uns auch so einen Gott machen – aus den Schmucksachen, die wir aus Ägypten mitgenommen haben", schlug jemand vor. Alle waren begeistert. Sie gaben ihre goldenen Ringe und Armreifen her, und Aaron fertigte daraus einen goldenen Stier.

„Das ist jetzt unser Gott", sagten die Menschen und tanzten um das Standbild herum.

„Seht nur, da kommt Mose!" rief plötzlich eine Stimme. Mit einem Mal verstummte die Musik, und die Tänzer erstarrten. Alle Augen richteten sich auf Mose, der vom Berg herab auf sie zu kam. Er sah sehr zornig aus.

„Was habt ihr getan?!" fragte er mit lauter Stimme und schmetterte die Steintafeln zu Boden, so daß sie in kleine Stücke zerbrachen. „So schnell habt ihr also euren Bund mit Gott gebrochen!"

Auch Gott war zornig über die Untreue der Israeliten, und er wollte das Volk vernichten. Aber Mose betete für das Volk und bat Gott um Vergebung.

Noch einmal ging Mose auf den Berg, um auf Gott zu hören und zu beten. Er nahm zwei neue Steintafeln mit für Gottes Gebote.

„Gott möchte, daß wir ihm ein Zelt machen", erklärte Mose den Israeliten später. „In diesem Zelt will Gott unter uns wohnen."

Die geschicktesten Handwerker webten und färbten kostbare Stoffe, bearbeiteten Gold, Silber und Edelsteine. Alles wurde genau nach Gottes Anweisung gefertigt. Nach mehreren Monaten stand das Zelt in seiner ganzen Schönheit da, und alle konnten es bestaunen. Das Wertvollste darin war die vergoldete Schatulle, die Bundeslade, in der die steinernen Tafeln mit Gottes Geboten aufbewahrt wurden. Und dann erschien plötzlich wieder die helle Wolke, die ihnen schon früher den Weg gezeigt hatte. Sie schwebte genau über dem Zelt Gottes.

„Jetzt wissen wir, daß Gott wirklich da ist", flüsterten die Leute. Froh und zuversichtlich gingen alle in ihre eigenen Zelte zurück.

4. Mose 13; 14

Die ängstlichen Kundschafter

Die Wolke bewegt sich!" schallte ein Ruf durch das Lager der Israeliten am Berg Sinai. Eilig bauten alle ihre Zelte ab und machten sich auf den Weg. Viele Monate lebten sie nun schon in der Wüste.

An der Spitze des Zuges gingen die Priester, die Mitglieder von Aarons Familie. Sie trugen die vergoldete Truhe, die Bundeslade, damit die anderen sie immer vor Augen hatten. Sie sollte die Menschen an ihr Bündnis mit Gott erinnern.

Endlich näherten sich die Israeliten den Grenzen des Verheißenen Landes. „Seht nur", rief Mose, „dort drüben liegt das Land Kanaan, das Gott uns versprochen hat."

Sehnsüchtig blickten die Menschen in die angegebene Richtung. War es dort wirklich so schön, wie Mose behauptete? Was für Menschen mochten dort wohnen? Ob sie sehr stark waren? Und schon begannen die Israeliten wieder, sich Sorgen zu machen.

Mose wählte zwölf junge Männer aus, die das Land heimlich auskundschaften sollten.

Nach vierzig Tagen kamen die Männer zurück. Sie brachten köstliche Früchte mit: Feigen und Weintrauben und Granatäpfel. Sogleich wurden sie umringt und ausgefragt. „Los, erzählt schon! Wie sieht es aus in Kanaan?"

„Es ist ein wunderschönes und ein sehr fruchtbares Land", begannen Josua und Kaleb. „Seht doch, was wir mitgebracht haben."

Die anderen zehn unterbrachen sie. „Ja, aber die Bewohner von Kanaan sind Riesen", behaupteten sie. „Ihre Städte sind von dicken Mauern umgeben. Wir können das Land nicht einnehmen."

„Das stimmt nicht!" widersprachen Josua und Kaleb. „Die Menschen dort sind zwar tatsächlich groß und stark, aber Gott hat uns das Land doch versprochen. Dann wird er uns auch helfen, es zu erobern. Denkt daran, was mit dem Pharao und seiner Armee geschehen ist!"

Aber das Volk hatte nun solche Angst bekommen, daß es lieber auf die anderen Kundschafter hörte.

„Mose hat uns belogen", riefen sie. „Wir hätten nie auf ihn hören sollen und wären besser in Ägypten geblieben. Wir suchen uns einen neuen Anführer und gehen zurück."

Gott war sehr zornig, als er die Menschen so reden hörte.

„Keiner von diesen Männern und Frauen wird in das verheißene Land kommen", sagte er zu Mose. „Statt dessen sollen sie vierzig Jahre lang durch die Wüste ziehen, bis auch der letzte von ihnen gestorben ist. Erst ihre Kinder und Enkelkinder sollen nach Kanaan hineinkommen. Josua und Kaleb sollen als einzige lange genug leben, um das Land noch zu sehen."

Josua 3; 6

Eine Stadtmauer stürzt ein

Vierzig Jahre wanderten die Israeliten nun schon durch die Wüste. Mose war inzwischen gestorben, und Gott hatte Josua zu seinem Nachfolger bestimmt. Wieder lagerte das Volk am Jordan. Auf der anderen Flußseite lag das Land Kanaan mit der mächtigen Stadt Jericho. Die Bewohner hatten sich hinter ihren dicken Stadtmauern verschanzt.

„Die Israeliten haben Angst vor uns!" sagten sie großspurig, als nach drei Tagen immer noch kein Angriff kam. Aber da irrten sie sich. Die Israeliten hatten inzwischen besser gelernt, Gott zu vertrauen. Josua wartete ab, bis Gott ihm den Befehl zum Angriff gab.

Eines Morgens war es soweit. Die Kanaaniter wurden von seltsamen Geräuschen geweckt.

„Die Israeliten marschieren um unsere Stadt", meldeten die Wächter. „Sie tragen eine goldene Truhe vor sich her und blasen in ihre Posaunen."

Sechs Tage lang wiederholte sich Tag für Tag das gleiche Spiel. Die Kanaaniter wurden langsam unruhig. „Was soll das?" fragten sie sich besorgt.

Am siebten Tag sagte Gott zu Josua: „Zieht heute siebenmal um die Stadt. Wenn die Posaunen schmettern, soll jeder soviel Lärm machen, wie er nur kann."

Die Israeliten führten alles genau so aus, wie Gott es gesagt hatte. Ein mächtiges Geschrei ertönte, und die starken Mauern der Stadt begannen zu wanken. Schließlich stürzte das ganze Bauwerk rings um die Stadt mit lautem Getöse ein. Die Menschen in der Stadt waren vor Schreck wie gelähmt, so daß die Israeliten ohne Schwierigkeiten in die Stadt einmarschieren konnten.

Nach und nach eroberten die Israeliten Stadt für Stadt im Land Kanaan. Schließlich teilte Josua das Land auf. Jeder Stamm bekam ein Gebiet. Nun siedelten sich die Israeliten an und begannen, Häuser zu bauen.

„Das haben wir uns immer gewünscht", sagten sie beim Anblick der grünen Felder und üppigen Gärten.

Eines Tages rief Josua das ganze Volk zusammen und sagte: „Gott war sehr gut zu euch und hat euch sicher bis hierher geführt. Wollt ihr, wie versprochen, den Bund mit ihm halten?"

„Ja, natürlich wollen wir das", riefen alle einstimmig.

„Werdet ihr auch nicht wieder andere Götter anbeten?" fragte Josua weiter.

„Nein, wir werden allein Gott anbeten", antwortete das ganze Volk. Und solange Josua lebte, hielten sie ihr Versprechen auch.

Nächtlicher Überfall

Viele Jahre vergingen. Josua war gestorben, und die Menschen vergaßen, daß sie Gott versprochen hatten, allein ihm zu dienen. Außer Gott beteten sie auch die Götter ihrer Nachbarvölker an. Der bekannteste dieser Götter hieß Baal. Überall im Land, auf den Berggipfeln und unter großen Bäumen, waren Standbilder von ihm aufgestellt.

Zu dieser Zeit kamen immer wieder Feinde vom Stamm der Midianiter. Auf ihren schnellen Kamelen fielen sie in das Land ein und stahlen das Vieh und Getreide der Israeliten. Bald gab es nichts mehr zu essen, und die Menschen flohen in die Berge. Jedesmal wenn das Volk in diesen schlimmen Zeiten sich an Gott wandte und ihn um Hilfe bat, schickte Gott ihnen einen Anführer, der die Feinde vertrieb.

Einer von ihnen war Gideon. Auch Gideon hatte Angst. Darum war er sehr erstaunt, als ihn eines Tages ein Engel Gottes ansprach:

„Gott ist mit dir, du tapferer Mann."

Gideon war verblüfft. Noch nie hatte ihn jemand tapfer genannt!

„Gott gibt dir einen Auftrag", fuhr der Engel fort. „Du sollst alle Midianiter aus dem Land vertreiben!"

„Ich?" rief Gideon aus.

„Gott wird dir helfen", antwortete der Engel. „Gott kann auch schwache, ängstliche Leute gebrauchen, wenn sie ihm vertrauen."

Aber Gideon wollte ganz sicher sein und bat Gott um ein Zeichen, an dem er erkennen konnte, daß Gott tatsächlich auf seiner Seite sein wollte.

„Ich werde Schafwolle auf die Erde legen", sagte er. „Und wenn morgen früh die Wolle vom Tau naß ist und der Erdboden trocken, dann weiß ich, daß du Israel durch mich retten willst."

Am nächsten Morgen war die Wolle naß und der Boden trocken. Aber Gideon bat Gott noch um ein zweites Zeichen. Diesmal sollte der Boden naß sein und die Wolle trocken. Und genau so kam es.

Da rief Gideon die Israeliten zum Kampf. Tausende von Männern wollten sich ihm anschließen. Aber auf Gottes Befehl hin ließ Gideon die meisten wieder nach Hause zurückschicken. Gott wollte, daß Gideon nur mit dreihundert Männern gegen Tausende von Midianitern kämpfte. Jeder sollte sehen, daß sie den Sieg allein Gott verdankten.

In der folgenden Nacht schlichen die Israeliten zum Lager der Feinde. Jeder erhielt eine Posaune und eine brennende Fackel, die in einem Tonkrug steckte.

„Das ist aber eine seltsame Kampfausstung", wunderten sich Gideons Männer.

Die Midianiter lagen währenddessen in ihren Zelten und schliefen fest. Plötzlich hörten sie von allen Seiten ein lautes Getöse. Entsetzt sprangen sie auf. Es klang, als wenn Tausende von Soldaten heranrückten. Dabei waren es nur Gideons Männer, die ihre Tonkrüge zerschlugen.

Als die Midianiter ängstlich aus den Zelten krochen, sahen sie ringsumher auf den Hügeln die Fackeln der Israeliten.

„Wir sind umzingelt!" riefen sie erschrocken. Sie konnten ja nicht ahnen, daß es nur Gideons wenige Männer mit ihren Fackeln waren. Als die Israeliten dann noch anfingen zu schreien und in die Posaune zu blasen, so daß das Echo zwischen den Felsen dröhnte, gerieten die Midianiter vollends in Panik. Sie dachten, ein riesiges Heer würde sie von allen Seiten angreifen.

Weil es so dunkel war, konnten die Midianiter ihre Gegner nicht richtig erkennen. Sie schlugen mit den Schwertern blindlings drauflos und trafen die eigenen Leute. Die wenigen, die noch übrigblieben, konnten Gideon und seine Männer in die Flucht schlagen.

Nach dieser Schlacht hatte Israel vierzig Jahre Ruhe vor seinen Feinden.

Richter 13-16

Der starke Simson

Wieder einmal hatten sich die Israeliten von Gott abgewandt und beteten zu fremden Göttern. Und auch diesmal kamen wieder feindliche Völker, die Philister, die das Land besetzten und regierten. Gegen diese Feinde konnten sich die Israeliten noch weniger wehren als gegen die Midianiter, denn die Philister besaßen die besseren Waffen.

Zu dieser Zeit wurde Simson geboren. „Vor deiner Geburt“, erzählte seine Mutter ihm oft, „schickte Gott einen Engel zu mir. Er sagte mir, daß ich dir nie die Haare schneiden soll, damit jeder sehen kann, daß du Gott gehörst.“

Simson wuchs schnell heran und wurde so stark, daß die Philister sich vor ihm fürchteten.

Eines Tages fing Simson dreihundert Füchse. Er band ihnen brennende Fackeln an die Schwänze und ließ sie in die Felder und Weinberge der Philister laufen, so daß die gesamte Ernte der Philister in Brand geriet. Ein anderes Mal tötete er tausend Philister nur mit dem Knochen aus dem Unterkiefer eines Esels.

Da sannen die Philister auf Rache. Bald schien sich auch eine günstige Gelegenheit zu bieten, denn Simson hatte sich in Delila, ein Mädchen der Philister, verliebt. Als er wieder einmal Delila besuchte, fragte sie ihn: „Sag mir doch, warum du so stark bist.“

Zuerst wollte Simson ihr sein Geheimnis nicht verraten, aber das Mädchen drängte immer wieder: „Wenn du mich wirklich liebst, dann sag mir, warum du so stark bist.“ Die Philister hatten Delila tausend Silberstücke versprochen, wenn sie ihnen Simsons Geheimnis verraten würde.

Schließlich verriet Simson ihr sein Geheimnis: „Meine Haare sind noch nie geschnitten worden. Das ist das Zeichen, daß ich zu Gott gehöre. Meine Kraft kommt von ihm.“

Da verriet Delila Simson an die Soldaten. In der Nacht, als Simson fest eingeschlafen war, kamen sie und schnitten ihm die Haare ab. Da konnte sich Simson nicht mehr wehren. Seine Feinde stachen ihm die Augen aus und warfen ihn ins Gefängnis.

Mehrere Monate später feierten die Philister ein großes Fest zu Ehren ihres Gottes Dagon. Hunderte von Gästen waren eingeladen. Schließlich holten sie auch ihren blinden Gefangenen Simson herbei und trieben ihre Späße mit ihm. Doch sie hatten nicht bemerkt, daß Simsons Haare inzwischen wieder gewachsen waren.

Da betete Simson zu Gott: „Gib mir ein letztes Mal meine alte Stärke zurück.“ Er legte seine Arme um die beiden mächtigen Säulen, die das Dach des Hauses trugen, und drückte so fest, daß die Säulen zerbrachen. Da stürzte das Dach ein und begrub Simson zusammen mit allen Festgästen unter sich. Damit hatten die Philister ihre Könige und besten Krieger verloren, und die Israeliten konnten viele Jahre lang in Frieden leben.

Das Buch Rut

Die Fremde

Es ist nicht leicht, in einem fremden Land zu leben. Das mußten auch Noomi und ihr Mann Elimelech erfahren. Zusammen mit ihren beiden Söhnen waren sie in das Land Moab ausgewandert, weil in ihrer Heimat Israel eine Hungersnot herrschte.

Eines Tages starb Elimelech. Nun hatte Noomi nur noch ihre Söhne. Wenig später heirateten die Söhne. Ihre Frauen hießen Orpa und Rut. Sie stammten aus dem Volk der Moabiter, und darum kannten sie Gott nicht.

Als die Familie zehn Jahre in Moab gewohnt hatte, starben auch die beiden Söhne.

„Nun bin ich ganz allein hier in der Fremde", schluchzte Noomi. „Am besten gehe ich wieder zurück nach Bethlehem in meine Heimat."

Sie machte sich auf den Weg, und ihre Schwiegertöchter begleiteten sie. Als sie ein Stück gegangen waren, blieb Noomi plötzlich stehen.

„Geht zurück", sagte sie. „Was wollt ihr in Israel? Man würde euch dort nur als Fremde behandeln. Es ist besser, wenn ihr in eurer Heimat bleibt und wieder heiratet."

Daraufhin ging Orpa zurück. Rut jedoch legte ihren Arm um Noomis Schulter und sagte: „Ich komme mit dir. Ich möchte an euren Gott glauben und ihn so lieben wie du."

„Ich weiß nicht, ob uns irgend jemand in Bethlehem helfen wird", gab Noomi zu bedenken.

„Dann helfen wir uns gegenseitig", sagte Rut und lächelte sie aufmunternd an.

Staubig und müde von der langen Reise kamen Noomi und Rut in Bethlehem an. Es war gerade Erntezeit, aber die beiden hatten kein Geld mehr, um sich etwas zu essen zu kaufen.

„Wenn wir nur ein wenig Getreide hätten, könnten wir Brot backen", sagte Rut. „Morgen gehe ich auf die Felder und sehe nach, ob ich Ähren aufsammeln kann, die bei der Ernte liegengeblieben sind."

Am nächsten Morgen ging Rut auf das Feld eines reichen Mannes mit Namen Boas. Man erlaubte ihr, dort Getreideähren aufzulesen. Boas beobachtete Rut aufmerksam, denn die junge Frau hatte ihm auf Anhieb gefallen.

„Das ist die Ausländerin, die sich so liebevoll um die alte Noomi kümmert", dachte er.

„Seid nett zu dem Mädchen", sagte er zu seinen Arbeitern. „Gebt ihr etwas zu trinken und laßt ein bißchen mehr Getreide für sie liegen."

Mittags rief er Rut zu sich und lud sie ein, mit seinen Arbeitern zu essen.

Am Abend hatte Rut einen großen Sack voll Getreide gesammelt. Begeistert erzählte sie Noomi von ihren Erlebnissen.

„Was sagst du, wie er heißt?" fragte Noomi ungläubig. „Boas? Er ist ein entfernter Verwandter von uns. Gott hat dich auf sein Feld geführt."

Von dem Tag an ging Rut immer wieder auf Boas' Feld und sammelte Ähren. Es dauerte nicht lange, bis Boas und Rut Hochzeit feierten. Noomi war glücklich, als Rut einen kleinen Sohn bekam. Keiner von ihnen ahnte, welche berühmten Nachkommen aus ihrer kleinen Familie einmal hervorgehen sollten: König David und später Jesus.

Hanna bekommt ein Baby

Hanna konnte kaum noch etwas essen, so traurig war sie. Warum bekam sie keine Kinder? Schon so lange wartete sie vergeblich auf ein Baby. Ihr Mann Elkana versuchte sie zu trösten. „Ich liebe dich doch, Hanna", sagte er, „sei nicht traurig."

Peninna, die zweite Frau Elkanas, hatte schon viele Kinder. Immer wieder mußte Hanna sich ihre Sticheleien anhören. Eines Tages hielt sie es nicht länger aus.

„Ich will nach Silo gehen", beschloß sie. „Vielleicht kann Gott mir helfen." In Silo stand Gottes heiliges Zelt mit der Bundeslade. Dort im Heiligtum wollte Gott den Menschen begegnen.

Während Hanna in Silo betete, kamen ihr die Tränen. Schluchzend klagte sie Gott ihren ganzen Kummer.

„Was machst du hier?" fragte plötzlich eine Stimme von hinten. Es war Eli, der Priester, und er schien verärgert über Hannas sonderbares Benehmen.

„Ich bitte Gott um ein Kind", schluchzte Hanna. „Wenn ich einen Sohn bekomme, werde ich ihn herbringen, damit er Gott hier dienen kann. Das verspreche ich."

Ein paar Jahre später kam Hanna tatsächlich nach Silo mit einem kleinen Jungen an der Hand.

„Das ist Samuel", erklärte sie. „Gott hat mein Gebet erhört und mir einen Sohn geschenkt. Jetzt soll er hier am Heiligtum Gott dienen."

Samuel blieb bei dem alten Priester Eli und wurde von ihm erzogen. Er mußte die Lampen im Heiligtum putzen oder den Fußboden fegen. Aufmerksam hörte er zu, wenn der alte Mann ihm von Gottes Taten in der Vergangenheit erzählte oder Gottes Gebote erklärte.

Die beiden Söhne Elis waren ganz anders. Sie hatten keine Achtung vor Gott, ja sie stahlen sogar die Gaben, die die Menschen als Opfer für Gott brachten.

Eines Nachts hörte Samuel eine Stimme: „Samuel! Samuel!" Er dachte, Eli hätte ihn gerufen, und lief schnell zu ihm.

„Ich habe nicht gerufen", sagte Eli. „Leg dich wieder schlafen." Doch wieder wurde Samuel wach, weil jemand seinen Namen rief. Beim dritten Mal sagte Eli: „Gott will dir etwas sagen. Hör genau zu, wenn er dich noch einmal ruft."

Samuels Herz klopfte vor Aufregung, denn so deutlich hatte Gott noch nie zu ihm gesprochen.

Kurz darauf hörte er die Stimme Gottes erneut. Gott kündigte ihm an, daß er die Söhne Elis bestrafen werde. Aus dessen Familie würde in Zukunft niemand mehr Priester in Israel werden.

Einige Zeit später marschierte das feindliche Heer der Philister in das Land ein. Die Israeliten fürchteten, den Kampf zu verlieren, und sagten: „Wir nehmen die Bundeslade aus dem Heiligtum mit in die Schlacht. Vielleicht hilft sie uns."

Diese Idee gefiel Gott gar nicht. Die Menschen sollten ihr Vertrauen nicht auf eine Truhe setzen, sondern auf ihn! Aber Elis Söhne brachten die Truhe trotzdem aufs Schlachtfeld.

Dann geschah, was Gott bereits angekündigt hatte: Elis Söhne wurden im Kampf getötet, und die Bundeslade fiel in die Hände der Philister.

„Dagon ist mächtiger als der Gott Israels!" triumphierten die Philister, als sie die Bundeslade in ihren Tempel trugen und vor das Standbild ihres Gottes Dagon stellten. Aber in der folgenden Nacht geschah etwas sehr Merkwürdiges: Die riesige Dagon-Statue fiel um und zerbrach. Dann erkrankten die Leute in der Stadt an merkwürdigen Seuchen. Da bekamen die Philister Angst vor der Bundeslade, und sie brachten sie schleunigst zurück. Jetzt wußten auch die Feinde Israels, daß Gott sich nicht verspotten läßt.

1. Samuel 17,34-36; 8,4-7; 16,1-13

Ein Hirtenjunge wird König

Es wurde schon dunkel auf den Hügeln oberhalb von Bethlehem. David, der junge Schafhirte, spielte leise auf seiner Harfe und sang dazu ein Lied. In der Ferne sah er die Lampen seines Elternhauses leuchten. In diesem Haus hatte bereits sein Urgroßvater Boas zusammen mit seiner Frau Rut gelebt. Hier draußen auf den Hügeln war David ganz allein. Er bewachte die Schafherde seines Vaters.

Plötzlich knackte ein Zweig im Gebüsch, und zwei gelbe Augen starrten ihn aus dem Dunkel heraus an. Im nächsten Augenblick stürzte sich ein riesiger Löwe auf eines der Lämmer.

Das wollte David sich nicht gefallen lassen. Er sprang auf, warf sich mutig dem Löwen entgegen und jagte ihn davon.

„Das würden mir meine Brüder nie glauben", dachte David, während er das Lamm beruhigend streichelte. Seine sieben älteren Brüder hielten nämlich nicht besonders viel von ihm.

Am nächsten Tag kam der Priester Samuel in das Dorf Bethlehem. Niemand ahnte, welche Bedeutung dieser Besuch hatte.

Samuel war nun ein alter Mann. Sein Leben lang hatte er das Volk weise geführt, aber immer wieder sprachen die Israeliten davon, daß sie einen König haben wollten wie alle anderen Völker.

„Gott ist unser König", hatte Samuel stets darauf geantwortet. Aber damit gaben sich die Menschen nicht zufrieden, und so hatte Gott ihnen schließlich Saul zum König gegeben.

Am Anfang war Saul ein guter König. Aber dann wurde er stolz und selbstherrlich und fragte nicht mehr nach Gottes Willen.

„Saul regiert mein Volk nicht mehr so, wie es mir gefällt", sagte Gott eines Tages zu Samuel. „Ich habe einen Nachfolger für ihn ausgesucht. Geh nach Bethlehem und salbe ihn zum König. Es ist einer von Isais Söhnen."

Aus diesem Grund war Samuel nach Bethlehem gekommen.

„Wenn König Saul davon erfährt, wird er mich umbringen!" überlegte Samuel. „Und ich weiß nicht einmal, welchen der Söhne Isais Gott ausgewählt hat."

Samuel war beeindruckt, als er die sieben Söhne Isais vor sich stehen sah. Alle schienen mutig und stark.

„Es ist keiner von ihnen", sagte Gott leise zu Samuel. „Sie machen zwar nach außen einen guten Eindruck, aber ich kenne ihr Herz. Ich habe mir einen anderen ausgesucht."

„Sind das alle deine Söhne?" fragte Samuel den Vater.

„Nun ja", antwortete Isai, „da ist noch der kleine David, unser Jüngster. Er ist draußen bei den Schafen."

„Laß ihn holen", sagte Samuel zu ihm. Als David den Hügel heruntergelaufen kam, sagte Gott zu Samuel: „Der ist es!"

Samuel nahm eine Flasche mit Öl und goß etwas davon über Davids Kopf. Das war das Zeichen, daß David nun zum König bestimmt war. Vorläufig jedoch blieb alles beim alten. David wohnte zu Hause und hütete die Schafe seines Vaters.

Der Riese Goliat

Die Philister waren wieder einmal ins Land eingefallen. Auch Davids Brüder mußten in Sauls Armee gegen die Feinde kämpfen. Nur David blieb zu Hause, er war noch zu jung, um in den Kampf zu ziehen.

Nach einer Weile machte sich der Vater große Sorgen. „David, bring deinen Brüdern etwas zu essen", sagte er eines Tages, „und sieh nach, wie es ihnen geht."

Als David am Heerlager ankam, merkte er gleich, daß etwas nicht stimmte. Die Soldaten standen ängstlich beisammen, ihre Gesichter waren bleich vor Angst.

„Was ist los?" fragte David, als er seine Brüder gefunden hatte.

„Sieh mal, da drüben!" murmelten sie und deuteten über das Tal, wo die Philister ihr Lager aufgeschlagen hatten. Dort stand er – der stärkste Mann der Philister, ein riesengroßer Mensch. Er hieß Goliat. Seine tiefe Stimme dröhnte durch das Tal, und seine Rüstung glänzte in der Sonne.

„Versteckt euch!" riefen Davids Brüder. „So geht es nun schon seit Wochen. Er steht da und verspottet uns. Keiner wagt, gegen ihn zu kämpfen."

„Ihr Schlappschwänze!" rief der Riese höhnisch herüber. „Euer Gott kann euch wohl auch nicht helfen."

„Warum tut denn keiner etwas dagegen?" entrüstete sich David. „So darf er doch nicht über Gott reden!"

„Du dummer Junge", antwortete Davids ältester Bruder. „Siehst du nicht, wie groß und kräftig er ist?"

„Ja, aber wenn Gott uns hilft, sind wir stärker", behauptete David. „Wenn kein anderer kämpfen will, dann werde ich es tun."

Goliat brach in schallendes Gelächter aus, als er den zierlichen David auf sich zukommen sah – nur mit einer Steinschleuder bewaffnet. Alle Soldaten und König Saul hielten den Atem an.

„Du bist stark, und du hast gefährliche Waffen", rief David. „Aber ich kenne Gott. Und ich weiß, daß er sich nicht verspotten läßt."

„Ich werde dich den Geiern zum Abendessen servieren!" brüllte Goliat und richtete seinen schweren Speer auf David. David nahm schnell einen Kieselstein aus seiner Tasche und zielte sorgfältig mit der Schleuder.

Der Stein traf Goliat an der Stirn, und plötzlich verstummte das Gelächter. Voll Entsetzen sahen die Philister, wie Goliat zu Boden fiel. Schnell sprang David herzu, nahm das Schwert des Riesen und schlug ihm den Kopf ab.

Als die Philister sahen, daß ihr bester Krieger tot war, rannten sie davon. Die israelitischen Soldaten jagten ihnen nach und vertrieben sie aus dem Land.

König Saul war sehr stolz auf David. „Komm mit in meinen Palast", sagte er zu ihm. „Zur Belohnung sollst du meine Tochter zur Frau bekommen." So kam es, daß David von da an im Palast von König Saul lebte.

David muß fliehen

Wieder einmal hatte König Saul schlechte Laune. Jeder im Palast hatte Angst vor seinen Zornausbrüchen.

„Schnell, spiel ihm etwas auf der Harfe vor. Das wird ihn beruhigen", flüsterte ein Diener David zu. Immer öfter mußte David zur Harfe greifen, wenn Saul einen schlechten Tag hatte. Zum Glück hatte David einen Freund am Hof: Er verstand sich sehr gut mit Jonatan, dem Sohn des Königs. Auch die Menschen im Volk liebten David. Aber gerade deshalb war Saul eifersüchtig auf David.

Mitten im Harfenspiel schleuderte der König plötzlich einen Speer nach David. Erschrocken ließ David die Harfe fallen und konnte sich gerade noch ducken, bevor der Speer über seinem Kopf in die Wand fuhr.

„Ich finde schon einen Weg, dich zu töten", dachte der König wutentbrannt. So schickte er David fort, um gegen eine gefährliche Bande von Philistern zu kämpfen. Aber David tötete alle Feinde und kehrte als strahlender Sieger zurück.

„Du bist ungerecht zu David", warf Prinz Jonatan seinem Vater vor. Da bedrohte der König auch seinen eigenen Sohn mit dem Speer.

Von da an mußte David vor Saul flüchten. Wer ihm half, kam selbst in Schwierigkeiten. David blieb nichts anderes übrig, als sich in der Wüste zu verstecken. In dem unwegsamen Gelände mit vielen Felshöhlen konnte Saul ihn nicht so leicht finden. Es gesellten sich Männer zu ihm, die ebenfalls von Saul verfolgt wurden. „Ich werde sie alle umbringen!" drohte Saul und machte sich mit einer Armee von dreitausend Mann auf, um David zu suchen.

Nachdem Saul und seine Soldaten bereits mehrere Wochen in der Wüste herumgeirrt waren, lagerten sie eines Abends vor einer Höhle, um ein wenig zu schlafen. Saul ahnte nicht, daß eben in dieser Höhle David und seine Männer sich versteckt hielten.

„Jetzt oder nie!" flüsterten Davids Freunde in der Nacht. „Töte ihn! Dann kannst du selbst König werden, wie Gott es versprochen hat."

Mit klopfendem Herzen schlich David von hinten an Saul heran und schnitt mit dem Schwert ein Stück von Sauls Umhang ab. Dann verschwand er, so lautlos, wie er gekommen war, im Dunkel der Höhle.

„Wir dürfen Saul nichts antun", erklärte er den erstaunten Männern. „Gott hat ihn schließlich als König eingesetzt."

Am nächsten Morgen machte sich Saul mit seinen Soldaten wieder auf den Weg. Doch plötzlich hörte er eine Stimme. David rief von der Höhle her: „Mein König, hast du bemerkt, was mit deinem Umhang geschehen ist?" Saul wurde leichenblaß, als er merkte, in welcher Gefahr er geschwebt hatte.

„Ich hätte dich töten können", fuhr David fort. „Aber ich habe es nicht getan. Glaub mir doch endlich, daß ich nichts Böses gegen dich im Schilde führe!"

Beschämt ging König Saul nach Hause zurück. Aber schon bald keimten das alte Mißtrauen und der Haß wieder auf, und David mußte erneut vor Saul fliehen. Diesmal suchte er Schutz bei den Philistern, also bei den Feinden Israels. Dort erreichte ihn später die schlimme Nachricht: König Saul und sein Sohn Jonatan waren zusammen mit vielen Tausend Israeliten in einer Schlacht gegen die Philister ums Leben gekommen.

Da kehrte David nach Hause zurück, um endlich selbst König zu werden, wie Gott es bestimmt hatte.

Der lahme Prinz

Schnell, bringt euch in Sicherheit! Die Schlacht ist verloren, die Philister kommen!“ Schreie gellten durch den Königspalast, nachdem Saul und seine Söhne im Kampf den Tod gefunden hatten.

Jonatans kleiner Sohn Mefi-Boschet saß vergnügt inmitten seiner Spielsachen, als ihn sein Kindermädchen plötzlich hochriß.

„Ich nehme dich mit zu mir nach Hause in die Berge“, keuchte sie. „Du sollst nicht auch noch den Philistern in die Hände fallen.“

In der Eile stolperte sie, und der kleine Prinz fiel so unglücklich hin, daß er sich beide Beine brach. Hastig hob das Kindermädchen ihn wieder hoch und rannte weiter.

Es gelang ihr tatsächlich, Mefi-Boschet in Sicherheit zu bringen. Aber seine Beine konnte er seit dem Unfall nicht mehr richtig gebrauchen, und er mußte mit Krücken herumhumpeln.

Zwar hatte David, der neue König, die Philister aus dem Land vertrieben. Für Mefi-Boschet jedoch war die Zeit der Angst und Unsicherheit noch nicht vorüber.

„Wenn David dich findet“, sagte ihm seine Kinderfrau, „wird er dich bestimmt töten, weil dein Großvater Saul ihm so viel Böses angetan hat.“

„Hoffentlich entdeckt er mich nie“, jammerte der kleine Prinz. Doch eines Tages standen die Diener Davids vor der Tür. „Wir sollen Mefi-Boschet zum Palast bringen“, sagten sie.

Bald darauf stand Mefi-Boschet mit

gesenktem Kopf vor dem Thron des Königs. Aber welche Überraschung! David sprach ganz freundlich mit Mefi-Boschet.

„Dein Vater Jonatan war ein guter Freund von mir", sagte er. „Darum möchte ich dir den Besitz deines Großvaters Saul zurückgeben. Du kannst hier bei mir im Palast wohnen und an meinem Tisch essen."

David tat noch viele andere Dinge, die ihn beim Volk sehr beliebt machten. Er machte Jerusalem zur Hauptstadt des Landes. Hier wollte er auch Gottes heiliges Zelt aufstellen lassen, damit es immer in seiner Nähe war. Nur eine Sache machte David große Sorgen: Die Bundeslade mit den Geboten Gottes war nicht da! Während der Kämpfe mit den Philistern war sie einmal gestohlen worden. Die Philister hatten sie zwar zurückgebracht, aber dann war sie irgendwo auf dem Land abgestellt worden und in Vergessenheit geraten.

„Ich werde selbst hingehen und sie holen", beschloß König David. Er vergaß, daß Gott bestimmte Regeln für den Umgang mit der Lade gegeben hatte: Niemand außer den Priestern durfte diese wertvolle, heilige Truhe tragen.

Davids Soldaten luden die Bundeslade auf einen Karren. Als einer der Zugochsen ausrutschte, kippte der Karren, und die Bundeslade fiel beinahe herunter.

„Das bringen wir gleich in Ordnung!" sagte ein Mann namens Usa, streckte seine Hand nach der Bundeslade aus – und fiel sofort tot um! Niemand, nicht einmal ein Priester, durfte sie berühren. David und seine Männer waren zutiefst erschrocken. Betroffen ließen sie die Bundeslade stehen, wo sie war, und kehrten nach Hause zurück.

„Das soll uns eine Lehre sein. Wir wollen uns genau an das halten, was Gott uns sagt", flüsterte David. „Wir haben vergessen, wie groß und mächtig er ist."

Drei Monate später zog eine feierliche Prozession in Jerusalem ein. Dieses Mal trugen die Priester die Bundeslade, so wie Gott es haben wollte. Die Menschen jubelten, es wurde Musik gemacht, gesungen und getanzt. Alle freuten sich, daß Gott nun wieder in ihrer Mitte wohnte.

David wird schuldig

David war ein guter König, der seinem Volk und Gott diente. Aber eines Tages passierte eine böse Sache. Alles fing damit an, daß er zu Hause blieb und nicht zusammen mit seinen Soldaten gegen die Feinde kämpfen.

An einem lauen Sommerabend stand David auf dem Dach seines Palastes und blickte über die Stadt. Da sah er plötzlich eine schöne junge Frau, die auf dem Nachbargrundstück badete. Sie hieß Batseba, und ihr Mann Uria war einer von Davids Soldaten.

Den ganzen folgenden Tag mußte David immerzu an diese Frau denken. Er hatte sich in sie verliebt, und er wollte sie zur Frau haben. Dabei war ihm völlig egal, daß Batseba verheiratet war. Am Abend schickte David einen seiner Diener zu Batseba und ließ sie in den Palast holen.

Bald danach stellte sich heraus, daß Batseba ein Kind von David erwartete.

„Das darf Uria nie erfahren", dachte David bestürzt. Deshalb schickte er einen geheimen Befehl an seinen General: „Stelle Uria in die vorderste Kampflinie – dorthin, wo ihn die Philister mit Sicherheit töten werden." Als David die Nachricht erhielt, Uria sei im Kampf gefallen, heiratete er Batseba.

Gott war sehr zornig über das, was David getan hatte. Als das Kind zur Welt gekommen war, schickte er den Propheten Nathan zum Palast.

„Gott läßt dir etwas sagen", erklärte Nathan dem König. „Hör mir zu: Es waren einmal zwei Männer. Der eine war sehr reich und hatte tausend Schafe, und der andere war sehr arm. Seine Familie besaß nur ein einziges Lamm, das ihnen sehr ans Herz gewachsen war.

Eines Tages wollte der Reiche für einen Gast ein besonders gutes Essen zubereiten. Doch anstatt eines seiner eigenen Tiere zu schlachten, tötete er das einzige Lamm des armen Mannes."

„So eine Ungerechtigkeit!" empörte sich der König. „Der reiche Mann hat den Tod verdient!"

„Der reiche Mann bist du selbst", erklärte ihm der Prophet. „Uria aber hatte nur seine Frau. Trotzdem hast du ihm Batseba weggenommen und ihn dann noch töten lassen. Du hast eine große Schuld auf dich geladen. Gott ist sehr zornig auf dich."

Als Nathan gegangen war, kamen zwei Diener zu David geeilt. Batsebas Kind war plötzlich sehr krank geworden. David war zutiefst erschrocken über das, was er getan hatte. Er aß nichts, trank nichts und schlief auf dem harten Fußboden.

„Wie sollen wir dem König nur die schlechte Nachricht bringen?" flüsterten Davids Diener untereinander. „Es wird ihm das Herz brechen."

Der König hörte ihr Geflüster und erriet, daß sein Sohn gestorben war. Da stand er auf, zog frische Kleider an und ging in das Zelt des Herrn. Er bat Gott um Vergebung für das, was er getan hatte. Und Gott vergab ihm. Dann ging er nach Hause und tröstete auch seine Frau Batseba.

Bald schenkte Gott David und Batseba einen zweiten Sohn. Sie nannten ihn Salomo. Er sollte eines Tages Davids Nachfolger werden.

1. Chronik 22; 1. Könige 3,10

Salomo, der weise König

„Es ist einfach nicht richtig, Salomo. Wir wohnen in einem prächtigen Palast, während die heilige Lade Gottes in einem Zelt steht.“ König David blickte seinen Sohn an. „Ich wollte Gott schon immer ein so schönes Haus bauen, wie es auf der Welt kein zweites gibt. Aber Gott möchte, daß du es später einmal tust. Solange ich lebe, werde ich Gold, Silber, Zedernholz und Marmor sammeln, damit alles bereit ist, wenn du dich an die Arbeit begibst."

Es war ein großer Tag, als Salomo zum König gekrönt wurde. Er freute sich auf die neuen Aufgaben, die vor ihm lagen. Aber gleichzeitig machte er sich Sorgen. „Ich bin noch jung und unerfahren", dachte er. „Das Volk, das ich regieren soll, ist so groß, daß ich die Menschen nicht einmal zählen kann. Und dann ist da noch der Tempel, den ich Gott bauen möchte. Wie soll ich das bloß alles schaffen?"

Als Salomo an diesem Abend endlich eingeschlafen war, sprach Gott im Traum zu ihm. „Salomo", sagte Gott, „ich möchte dir einen Wunsch erfüllen. Was soll ich dir geben?"

Salomo dachte nach. Sollte er um Reichtum bitten oder um ein langes Leben in Sicherheit und Frieden? Dann wußte er plötzlich, was er sich mehr als alles andere wünschte. „Herr," sagte er, „ich brauche Weisheit, damit ich dein Volk gut regieren kann."

Gott gefiel diese Bitte so gut, daß er Salomo nicht nur Weisheit schenkte, sondern dazu Reichtum, Frieden und ein langes Leben. Bald war Salomo der reichste König der Welt. Der prächtige, vergoldete Tempel, den Salomo für Gott baute, versetzte alle in Staunen. Viele Besucher kamen von weither, um in diesem Tempel Gott anzubeten.

Salomo war ein weiser und gerechter Herrscher, der sich Zeit nahm, um den Menschen seines Volkes zu helfen. Einmal kamen zwei Frauen in den Palast, um ihn zu bitten, ihren Streit zu schlichten. Jede trug einen Säugling auf dem Arm, aber eins der Kinder war tot.

„Wir beide schlafen im selben Zimmer", erklärte die eine Frau aufgeregt. „Letzte Nacht ist ihr Kind gestorben, und dann hat sie mir mein Kind weggenommen und mir das tote Kind in den Arm gelegt, während ich schlief."

„Das ist nicht wahr!" protestierte die andere Frau. „Das tote Kind gehört ihr."

Eine der Frauen sagte offenbar nicht die Wahrheit, aber welche?

„Wache!" rief Salomo. „Bringt ein Schwert und halbiert das lebende Kind. Dann soll jede Frau eine Hälfte bekommen!"

„Ja, das ist gerecht", sagte die erste Frau schnell, aber die andere konnte den Gedanken, das Kind töten zu lassen, nicht ertragen.

„Halt!" schrie sie. „Gebt ihr das Kind. Das ist immer noch besser, als wenn es getötet wird."

„Jetzt weiß ich, wer die Mutter ist", sagte Salomo. „Gebt das Kind der Frau, die es wirklich liebt."

1. Könige 16,29-18, 19

Ahab und Isebel

Euer Gott taugt nichts", meinte die neue Königin Isebel verächtlich, als sie nach ihrer Hochzeit mit König Ahab in den Palast einzog. „In meiner Heimat wird der Gott Baal verehrt, und das sollten wir von jetzt an auch tun!" König Ahab ließ daraufhin einen Tempel für Baal bauen.

Eigentlich hätte Ahab überhaupt keine Frau heiraten dürfen, die fremde Götter anbetete. Gott hatte das verboten. Aber nach Salomos Tod waren die Gebote Gottes in Vergessenheit geraten. Das Königreich Israel war außerdem geteilt worden: Jetzt gab es das Südreich Juda mit der Hauptstadt Jerusalem und das Nordreich Israel mit der Hauptstadt Samaria. Ahab war der neue König von Israel.

„Du wirst sehen, Baal wird deinen Bauern den Sonnenschein und den Regen schicken, den sie brauchen", sagte Isebel, „aber nur, wenn du gestattest, daß ihm auch Kinder geopfert werden."

Ahab war einverstanden.

Eines Tages jedoch wurde Ahab unsanft aus seiner Nachmittagsruhe aufgeschreckt. Ein Mann stürmte in sein Zimmer und sah ihn mit funkelnden Augen an.

„Ich bin Elia, Gottes Prophet", sagte er. „Gott hat mich zu dir geschickt. Er wird zu all dem Unrecht nicht länger schweigen. Deshalb soll es so lange nicht mehr regnen, bis Gott es wieder zuläßt."

„Baal ist Herr über das Wetter!" rief Ahab. „Wache!" Aber Elia war schon wieder aus dem Palast verschwunden.

Und tatsächlich: In diesem Jahr fiel kein Tropfen Regen. Die Getreide- und Gemüseernte fiel aus. Im nächsten Sommer regnete es auch nicht. Da trockneten die Flüsse und Seen aus; die Menschen litten Hunger und Durst. Im dritten Jahr starben Tausende von Menschen.

„Warum tut Baal nichts?" fragte Ahab seine Frau.

„Elia ist an allem schuld", sagte Isebel. „Laß ihn suchen."

Ahab schickte seine Soldaten aus, um jeden Winkel des Landes abzusuchen.

Aber Elia hatte sich gut versteckt, so daß man ihn nicht aufspüren konnte. Schließlich jedoch erhielt er von Gott den Auftrag, zu Ahab zu gehen.

„Sieh nur, was du unserem Volk angetan hast!" rief der König entrüstet, als Elia vor ihm stand. „Die Menschen sterben vor Hunger."

„Du selbst bist schuld an ihrer Not", sagte Elia ernst. „Denn du hast Gott und seine Gebote vergessen. Rufe das ganze Volk auf dem Berg Karmel zusammen. Dort wird sich zeigen, ob Gott der Herr ist – oder Baal."

1. Könige 18,20-19, 3

Feuer vom Himmel

Seit dem Morgengrauen schleppten sich Tausende hungernder Menschen den Berg Karmel hinauf, um zu sehen, was geschehen würde. Sogar König Ahab war in seinem Streitwagen gekommen.

„Heute werdet ihr sehen, wer der Herr ist: Gott oder Baal", verkündete Elia der Menge. „Wer von beiden Feuer vom Himmel schicken kann, das ist der Gott, dem ihr folgen sollt."

„O Baal, erhöre uns!" heulten Isebels Priester. Sie tanzten schon seit Stunden in der glühenden Hitze und ritzten sich mit Messern blutige Striemen in die Haut.

„Ruft lauter", rief Elia belustigt. „Vielleicht schläft euer Baal gerade."

„Sende Feuer herab!" schrien die Baalspriester, bis sie heiser waren.

König Ahab wurde unruhig. Als die Priester am Abend völlig erschöpft zu Boden fielen, sagte Elia: „Baal ist nur eine Holzfigur. Natürlich kann er kein Feuer herabschicken. Aber Gott kann das tun." Er nahm einen Stier und legte ihn auf einen Stapel Holz, um ihn Gott als Opfer zu bringen.

„Holt ein paar Eimer Wasser", sagte er zu den Zuschauern, „und kippt sie über dem

Holz aus.“ Ahab schmunzelte über diesen Auftrag. Nasses Holz konnte ja nicht brennen!

Doch Elia brauchte weder zu tanzen noch zu schreien, damit Gott ihn erhörte. Er hob seine Augen auf und sagte: „Herr, nun zeige uns, wie mächtig du bist.“

Und dann geschah das Unglaubliche: Feuer fiel vom Himmel. Im Nu hatten die Flammen das Opfertier samt dem nassen Holz verbrannt. Ringsum zerbarsten die Steine vor Hitze, und das Gras verdorrte.

Die Menschen warfen sich zu Boden. „Der Herr allein ist Gott!“ riefen sie.

Isebels Priester wollten sich schnell davonschleichen, aber da befahl Elia: „Führt sie vom Berg hinab. Sie sollen alle sterben.“ Und so geschah es.

Wenig später sah Elia über dem Meer eine kleine Wolke aufsteigen. „Der Regen kommt“, rief er König Ahab zu. „Fahr schnell nach Hause, damit du nicht naß wirst.“

Bald kam ein starker Wind auf, Blitze zuckten und Donner krachten. Ahab fuhr durch den prasselnden Regen nach Hause, und Elia lief vor ihm her. An den Straßenrändern standen die Menschen und jubelten. „Der Herr ist Gott!“ riefen sie immer wieder und freuten sich daran, wie der Regen auf das ausgedörrte Land fiel.

Als Königin Isebel erfuhr, daß ihre Priester getötet worden waren, kochte sie vor Wut. „Morgen um diese Zeit wird Elia ein toter Mann sein“, beschloß sie.

1. Könige 19

Sturm auf dem Berg

Müde kauerte Elia in einem Winkel der dunklen Höhle, wo er die Nacht verbringen wollte. „Am liebsten wäre ich tot“, dachte er verzweifelt. Das wunderbare Erlebnis auf dem Berg Karmel – sollte denn alles umsonst gewesen sein? Wieder mußte er vor Königin Isebel fliehen.

Plötzlich wurde Elia aus seinen trüben Gedanken gerissen. „Was suchst du hier, Elia?“ hörte er Gottes Stimme.

Ein gewaltiger Sturmwind fegte um den Berg Horeb, dann folgte ein Erdbeben, das die Felsen erzittern ließ, und schließlich sprühte Feuer aus den Felsspalten. Der ganze Berg schien zu beben. Elia bedeckte das Gesicht mit seinem ledernen Umhang und trat aus der Höhle heraus.

„Warum bist du hierher gekommen?“ fragte Gott zum zweiten Mal.

Diesmal war seine Stimme sanft und freundlich, und auf einmal fühlte sich der verängstigte Prophet sicher und geborgen. Gott war mächtiger als Wirbelstürme und Erdbeben. Also würde er auch mit Isebel fertigwerden!

„Herr, dein ganzes Volk hat den Bund gebrochen, den du mit uns vor langer Zeit hier auf diesem Berg geschlossen hast“, antwortete Elia. „Niemand hält sich mehr an deine Gebote. Ich bin der einzige Prophet, den sie noch nicht getötet haben.“

„Mach dir keine Sorgen“, antwortete Gott freundlich. „Mein Plan ist nicht gescheitert. Ich habe bereits einen Mann ausgewählt, der nach Ahab König werden soll. Er heißt Jehu. Ich werde dafür sorgen, daß mein Volk zu mir zurückkehrt, und du sollst sie unterweisen. Ein junger Mann mit Namen Elisa wird dir dabei helfen. Geh zu ihm und lehre ihn, was ein Prophet Gottes wissen muß.“

Der junge Bauer Elisa war gerade dabei, sein Feld zu pflügen. Elia ging geradewegs auf ihn zu und warf Elisa seinen Prophetenmantel über die Schultern. Das war das Zeichen, daß Elisa nach Elia Prophet in Israel werden sollte. Und Elisa verstand dieses Zeichen.

„Ich komme mit“, rief er und ließ seinen Pflug stehen. „Ich will mich nur noch von meinen Eltern verabschieden.“

Schon bald machten sich die Männer auf den Weg. Sie waren ganz verschieden, aber sie wurden gute Freunde, denn beide wollten dafür sorgen, daß Gott in Israel wieder verehrt wurde.

1. Könige 21; 22,29-39; 2. Könige 2,23

Nabots Weinberg

Mißmutig lag Ahab im Bett, mit dem Gesicht zur Wand.

„Was ist los?“ fragte Isebel. „Du hast ja noch gar nichts gegessen!“

„Es ist wegen Nabot, unserem Nachbarn“, jammerte Ahab. „Ich könnte sein Land so gut brauchen, um dort einen neuen Garten anlegen zu lassen, aber er will es nicht verkaufen.“

„Bist du nun König oder nicht?“ fragte Isebel schnippisch. „Steh auf. Ich sorge dafür, daß du deinen Garten bekommst!“ Königin Isebel erreichte immer, was sie wollte. Jedes Mittel war ihr dazu recht.

„Hier sind einige Briefe an die wichtigsten Männer der Stadt“, erklärte sie kurz darauf ihren Dienern. „Sagt ihnen, sie seien vom König persönlich.“

In diesen Briefen standen alle möglichen Lügen über Nabot. Isebel hatte anschließend mit dem Namen ihres Mannes unterschrieben. „Sorgt dafür, daß Nabot wegen Landesverrats angeklagt wird“, schrieb sie. „Verurteilt ihn und seine Familie zum Tode und laßt sie steinigen.“

Ein paar Tage später waren Nabot und seine Familie tot.

„Du kannst anfangen, deinen Garten zu planen, Ahab“, rief Isebel triumphierend. „Draußen vor dem Stadttor lecken die Hunde Nabots Blut auf.“

Ahab war nicht recht wohl zumute, als er das Nachbargrundstück betrat. Plötzlich trat ein Mann auf ihn zu. Ahab erschrak. Es war Elia, der Prophet.

„Gott schickt mich zu dir“, sagte Elia. „Er weiß, welches Unrecht ihr an Nabot begangen habt. Er wird dich und deine Söhne vernichten. Wie die Hunde das Blut von Nabot aufgeleckt haben, so werden sie auch euer Blut auflecken.“

Nicht lange danach griffen Feinde das Land an. Diesmal waren es die Syrer. Ahab bekam Angst. Er wollte nicht als König erkannt werden. Deshalb lieh er sich einen alten Streitwagen aus und zog in normalen Soldatenkleidern in die Schlacht.

Die Syrer suchten tatsächlich zuerst nach dem König. Als sie ihn nicht finden konnten, schossen sie ihre Pfeile einfach drauflos. Einer der syrischen Bogenschützen traf Ahab; der Pfeil bohrte sich durch einen Spalt in seiner Rüstung. Am Abend war der König tot, und die wilden Hunde leckten sein Blut auf – so wie Gott es durch seinen Propheten angekündigt hatte.

2. Könige 2

Ein Wagen aus Feuer

Bleib hier zurück", sagte Elia zu seinem Freund Elisa. „Du weißt, daß Gott mich bald zu sich holen wird." Er wollte ihm den Abschied nicht unnötig schwer machen.

„Nein, ich bleibe bei dir", antwortete Elisa traurig. Tränen liefen ihm über das Gesicht. „Wie sollen wir nur ohne Elia auskommen?" dachte er bedrückt.

Gemeinsam gingen sie weiter und besuchten noch einmal alle Schulen, die Elia eingerichtet hatte, um dort junge Männer zu Propheten auszubilden. Schließlich kamen sie an das Ufer des Jordans, wo sie die jungen Propheten aus der Schule in Jericho begrüßten.

„In dieser Jahreszeit kann man den Fluß nicht überqueren", erklärte einer von ihnen.

Schweigend zog Elia seinen alten Mantel aus und schlug damit auf das Wasser. Sofort teilte sich der Fluß, so daß sie trockenen Fußes zum anderen Ufer gehen konnten.

Kurz darauf kamen Pferde aus Feuer vom Himmel herab auf die beiden Männer zu. Sie zogen einen Streitwagen aus Feuer hinter sich her. Elia sprang hinein, und ein mächtiger Wirbelsturm trug ihn davon. Als er zum Abschied winkte, glitt ihm sein Umhang von den Schultern und fiel zur Erde.

Elisa hob ihn auf und legte ihn um. Hatte

Gott wirklich ihn dazu bestimmt, Elias Nachfolger zu sein? Langsam ging er zum Flußufer zurück. Konnte auch er das Wasser anhalten wie Elia? Die fünfzig jungen Prophetenschüler beobachteten gespannt, wie er mit dem Umhang seines Meisters auf die Wellen des Flusses schlug.

„Die Kraft Elias liegt auf ihm“, sagten sie staunend, als Elisa das Flußbett durchquerte. „Komm mit nach Jericho“, baten sie ihn und verbeugten sich ehrfürchtig vor ihrem neuen Lehrer.

In Jericho wütete in diesen Tagen eine schreckliche Krankheit. Die Menschen liefen laut klagend durch die Straßen. Es gab kein Haus, in dem nicht wenigstens ein Kranker oder Sterbender lag.

„Wahrscheinlich ist das Wasser unserer Quelle schuld an der Seuche“, sagten die Ratsherren der Stadt zu Elia. „Was können wir nur tun, damit es wieder genießbar wird?“

Elisa ging zu der Quelle und betete. Dann warf er etwas Salz in das Wasser. „Gott hat das Wasser wieder trinkbar gemacht“, sagte er, als er zurückkam. Und tatsächlich: Von diesem Tage an konnten die Einwohner Jerichos wieder aus der Quelle trinken, ohne krank zu werden.

Die Familie in Schunem

Der Prophet Elisa reiste von Ort zu Ort durch das ganze Land Israel. Einmal kam er in das Dorf Schunem. Er hatte Hunger, Durst und war sehr müde. Da lud ihn eine reiche Frau ein, zusammen mit ihr und ihrem Mann zu essen. „Du bist in unserem Hause jederzeit herzlich willkommen", sagte die Frau zum Abschied. „Wir richten dir ein Gästezimmer ein, dann kannst du auch bei uns übernachten."

Elisa war gern bei den freundlichen Leuten in Schunem. Sie hatten – wie er – Gott lieb und taten anderen Menschen gern Gutes.

Einmal erzählte Elisa ihnen von einem ganz besonderen Erlebnis mit Gott, das er in einem anderen Ort gehabt hatte. „Ich traf dort eine arme Witwe, die großen Kummer hatte. Ein hartherziger Mann wollte ihre beiden Söhne wegnehmen und sie zu seinen Sklaven machen, weil sie ihm das Geld nicht zurückzahlen konnte, das er ihr geliehen hatte."

„War sie so arm?" fragte die reiche Frau voller Anteilnahme.

„Ja, sie besaß nur noch einen kleinen Krug mit Öl", antwortete Elisa. „Deshalb sagte ich ihr, sie solle sich viele Töpfe und Schüsseln ausleihen, und Gott schenkte es, daß sie alle diese Gefäße aus ihrem kleinen Ölkrug füllen konnte! Dann haben wir das Öl auf dem Markt verkauft. Als der Mann kam, um ihre beiden Söhne abzuholen, konnte sie ihre Schulden bezahlen. Der Mann ärgerte sich schwarz darüber!" fügte Elisa mit einem Augenzwinkern hinzu. „Sie hat sogar noch genug Geld übrig, um davon zu leben, bis die Söhne alt genug sind, um für sie zu sorgen."

Elisa war so dankbar für die Hilfe der beiden Leute in Schunem, daß er ihnen auch gern etwas Gutes tun wollte.

„Wir haben alles, was wir brauchen", wehrte die Frau ab. Nie hätte sie sich getraut, etwas von ihrem heimlichen Kummer zu erzählen. Die beiden wünschten sich sehnlichst ein Kind, aber bisher warteten sie vergeblich. Und nun waren sie auch schon fast zu alt dafür. Elisas Diener Gehasi erriet jedoch ihren Wunsch und flüsterte seinem Herrn etwas ins Ohr.

„Nächstes Jahr wirst du einen kleinen Sohn in den Armen halten", sagte Elisa zu der Frau. Die wollte es zuerst gar nicht glauben, aber zu ihrer großen Freude behielt Elisa recht.

Als der kleine Junge größer wurde, sah er oft zum Fenster hinaus und hielt Ausschau nach Elisa. Er freute sich immer, wenn der Prophet zu Besuch kam und erzählte, was er auf seinen Reisen erlebte.

Eines Tages war der Junge mit seinem Vater draußen auf dem Feld. Die Sonne brannte heiß, und auf einmal begann der Junge zu klagen: „Mein Kopf tut so weh." Sein Vater brachte ihn sofort nach Hause, aber kurz darauf starb der Junge im Arm seiner Mutter.

„Ich muß Elisa suchen!" rief die Frau, holte ihren Esel aus dem Stall und ritt eilends davon.

Elisa war gerade auf einem Berg, um zu beten. Er sah schon von weitem die Frau auf sich zukommen. „Bestimmt ist etwas Schlimmes passiert", dachte er besorgt.

Wenige Stunden später stand Elisa allein in dem kleinen Schlafzimmer und betete. Dann beugte er sich dicht über den leblosen Körper des Kindes.

Draußen vor der Tür warteten Gehasi und die Eltern in ängstlicher Spannung. Wie staunten sie, als sie den kleinen Jungen niesen hörten! Dann sprang die Tür auf, und vor ihnen stand Elisa mit dem Jungen an der Hand. Überglücklich schloß die Mutter ihren Sohn in die Arme.

Der kranke General

Immer wieder kam es zu Kämpfen zwischen Israel und den Syrern. Bei einem dieser Feldzüge hatten die Syrer ein kleines israelitisches Mädchen als Kriegsgefangene mit in ihr Land genommen. Sie kam als Dienerin in das Haus des syrischen Generals Naaman und mußte dort im Haushalt helfen.

Naaman war der Oberbefehlshaber der königlichen Armee. Er hatte alles, was ein Mensch sich nur wünschen kann. Aber Naaman war krank. Eines Tages zeigten sich auf seiner Haut kleine weiße Flecken. Alle wußten, was das bedeutete: Lepra. Kein Arzt konnte damals diese Krankheit heilen.

„Was sollen wir bloß tun?“ rief Naamans Frau verzweifelt. Da zupfte sie jemand am Ärmel. Es war ihre kleine Dienerin.

„In unserem Land“, flüsterte sie, „gibt es einen Propheten Gottes. Er hat schon oft kranke Menschen gesund gemacht. Vielleicht kann er Naaman auch helfen.“

„Ich werde ihn sofort besuchen“, beschloß der General.

Bald fuhr er mit vielen Streitwagen und Pferden nach Israel. Der König von Israel bekam Angst, als die Wagen vor seinem Palast hielten.

„Was soll ich nur tun?“ fragte er verzweifelt. „Ich kann ihm doch auch nicht helfen! Wahrscheinlich wird er uns deswegen töten.“

Da erhielt er eine Nachricht von Elisa. „Schicke diesen Mann zu mir. Ich werde ihm zeigen, was Gott tun kann.“

Naaman wurde in eine kleine Nebenstraße geschickt. Seine Streitwagen und Pferde fanden kaum Platz in der engen Gasse. Zu Naamans großem Ärger wollte Elisa ihn noch nicht einmal persönlich empfangen. Statt dessen schickte er seinen Diener Gehasi vor die Tür. Als Gehasi die Truhen voller Gold und Silber erblickte, die Naaman mitgebracht hatte, um für seine Heilung zu bezahlen, verschlug es ihm fast die Sprache.

„Mein Herr sagt, wenn Ihr siebenmal im Jordan badet, werdet Ihr gesund“, sagte er und starrte auf das Geld.

„Was? Ich soll in diesem schmutzigen Fluß baden?“ rief Naaman voller Abscheu. „Niemals!“ Wütend ritt er fort, und es dauerte eine ganze Weile, bis ihn sein Diener überreden konnten, den Rat des Propheten wenigstens auszuprobieren.

Sechsmal stieg Naaman in den Fluß, und es tat sich nichts. Als er dann zum siebten Mal aus dem Wasser tauchte, waren die Flecken auf seiner Haut verschwunden.

„Ich bin gesund!“ rief er hocherfreut. „Jetzt weiß ich, daß der Gott Israels der einzig wahre Gott ist. Sklaven, bringt die Belohnung zu Elisa!“

Aber Elisa wehrte ab: „Es war Gott, der dich geheilt hat. Ich will keine Belohnung.“

Gehasi glaubte seinen Ohren nicht zu trauen. Er konnte einfach nicht mitansehen, wie das schöne Geld wieder fortgeschafft wurde.

„So eine günstige Gelegenheit, reich zu werden, kommt so schnell nicht wieder“, dachte er und lief kurzentschlossen hinter Naaman her.

„Mein Herr hat es sich anders überlegt“, log er und ließ sich Geschenke und zwei schwere Säcke voller Silber mitgeben. Aber Elisa entdeckte den Betrug. Noch bevor Gehasi sich an seinem Reichtum erfreuen konnte, bekam er selbst die Krankheit, von der Naaman gerade geheilt worden war.

Die blinden Soldaten

Einer von euch ist ein Verräter!“ rief der König von Syrien in die Runde. Seine Heerführer und Ratgeber erbleichten vor Angst und blickten einander ratlos an.

„Ich habe den Verdacht“, erklärte der König, „daß die Israeliten jedesmal im voraus wissen, wann und wo wir einen Angriff gegen sie planen. Einer von euch muß es ihnen verraten.“

„Nein, Majestät“, meldete sich schließlich einer der Heerführer zu Wort. „Niemand von uns ist ein Spion. Aber in Israel lebt Elisa, der Prophet Gottes. Er weiß offenbar genau, was wir vorhaben, und dann warnt er seinen König.“

„Unter solchen Umständen können wir den Krieg unmöglich gewinnen“, rief der syrische König ärgerlich. „Schickt eine Armee aus und bringt Elisa hierher.“ Er schickte einen seiner Generäle in den Kampf, gefolgt von einer Armee tapferer Soldaten.

„Elisa ist in Dotan“, verriet man ihnen. Die Soldaten erreichten die kleine Stadt gerade bei Einbruch der Dunkelheit.

„Verteilt euch rund um die Stadtmauer“, befahl der General. „Und dann schlagt euer Nachtlager auf.“

Am nächsten Morgen stand Elisas Diener in aller Frühe auf und warf einen Blick über die Stadtmauer.

„Herr“, flüsterte er erschrocken, „sieh nur die Soldaten! Was sollen wir tun?“

„Mach dir keine Sorgen“, beruhigte ihn der Prophet, nachdem er durch einen Spalt in der Mauer geblinzelt hatte. „Es sind viel mehr Soldaten auf unserer Seite als auf ihrer.“

„Aber wir haben doch gar keine Soldaten hier!“ wunderte sich der Diener.

„Herr, öffne ihm die Augen“, betete da Elisa. Wie staunte sein Gehilfe, als er rings um die Stadt eine Armee mit Pferden und Streitwagen aus Feuer entdeckte!

„Gottes Engel sind immer da, um uns zu beschützen“, erklärte ihm der Prophet. „Aber normalerweise können wir sie nicht sehen.“

Gelassen öffnete Elisa das Stadttor und trat den Feinden entgegen. „Ergreift ihn!“ rief der syrische General. Aber Elisa betete, und mit einem Mal waren alle syrischen Soldaten mit Blindheit geschlagen.

„Ihr seid nicht zu der richtigen Stadt gekommen“, rief Elisa dem General zu. „Kommt mit mir, ich führe euch zu dem Mann, den ihr sucht.“

An diesem Tag standen Isebel und ihr Sohn, der jetzt König war, auf der Stadtmauer von Samaria. Sie trauten ihren Augen kaum: Da kam Elisa mit einer Armee syrischer Soldaten, die sich wie Kinder an den Händen gefaßt hielten, um nicht zu stolpern. So marschierten sie in die Stadt des Königs ein, und die schweren Stadttore fielen hinter ihnen ins Schloß.

„Laß sie jetzt wieder sehen, Herr“, betete Elisa. Wie erschrocken waren die Soldaten, als sie merkten, wo sie hingeraten waren.

„Sollen wir sie alle töten?“ fragte der König den Propheten Elisa.

„Auf keinen Fall!“ antwortete Elisa streng. „Das wäre nicht recht. Gebt ihnen lieber etwas zu essen, und laßt sie dann nach Hause gehen.“

Der syrische König traute seinen Ohren nicht, als ihm seine heimkehrenden Soldaten erzählten, wie gut man sie behandelt hatte. Danach unternahmen die Syrer lange Zeit keine Raubzüge mehr auf dem Gebiet der Israeliten.

2. Könige 6,24-33; 7

Die große Hungersnot

Wieder einmal marschierten Feinde auf Samaria zu. Rings um die Stadt schlugen sie ihre Zelte auf.

„Unsere Stadt werden sie nie erobern", sagte Königin Isebel trotzig. „Die Stadtmauern sind viel zu dick."

„Ja, aber wir sitzen in der Falle", wandte der König ein. „Wenn wir keine neuen Lebensmittel von draußen holen können, werden wir verhungern."

Er hatte recht. Bald wurde das Essen in der Stadt so knapp, daß die ersten Menschen an Hunger starben. Aber die Königin war zu stolz, Gott um Hilfe zu bitten.

„Elisa ist an allem schuld", schimpfte auch der König. „Er muß sterben."

Der König machte sich auf den Weg zu Elisa und schickte einen Boten voraus. Die Männer kamen ungefähr gleichzeitig vor Elisas Haus an.

„Gott sagt, daß morgen um diese Zeit mehr Lebensmittel in dieser Stadt sein werden, als wir essen können", verkündete Elisa dem König. Als der Offizier, der den König begleitete, eine spöttische Bemerkung machte, sagte Elisa zu ihm: „Weil du nicht glaubst, was Gott sagt, wirst du nicht dabeisein, wenn die anderen sich sattessen."

Vor dem Stadttor Samarias hockten vier zerlumpte Bettler. Sie durften die Stadt nicht betreten, weil sie Lepra hatten. Die Bewohner fürchteten, sich bei ihnen anzustecken.

„Wenn wir noch länger hier sitzenbleiben, werden wir verhungern", überlegten die Männer verzweifelt. „Laßt uns zu den Syrern gehen. Vielleicht töten sie uns sofort, vielleicht geben sie uns aber auch aus Mitleid etwas zu essen."

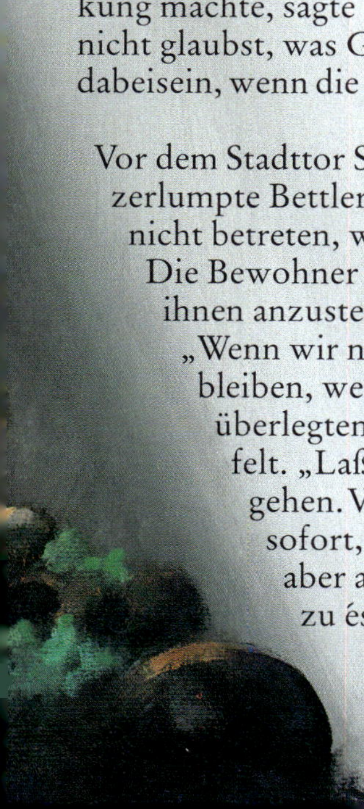

Als es dunkel war, gingen sie los. „Hier ist gar keiner!" flüsterten sie erstaunt, als sie in das erste Zelt hineinschauten. „Aber seht euch nur das viele Essen an!"

Sie aßen sich erst einmal rundherum satt. Dann probierten sie die feinen Kleider an, die sie dort fanden, und nahmen das Geld und die Juwelen an sich.

„Irgend etwas stimmt hier nicht", flüsterte einer von ihnen plötzlich. „Wo stecken bloß die Feinde?"

Sie krochen zum nächsten Zelt und zum übernächsten, aber kein Mensch war zu sehen.

„Sie sind weg!" jubelte einer der Bettler. „Wir sind reich!"

„Aber drinnen in der Stadt verhungern die Menschen", sagte ein anderer. „Wir können die gute Nachricht nicht für uns behalten; wir müssen Bescheid sagen." Und so liefen sie schnell zum Stadttor zurück.

Was war geschehen? Gott hatte dafür gesorgt, daß die Feinde einen gewaltigen Lärm hörten. Sie meinten, eine riesige Streitmacht mit Soldaten und Pferden käme auf sie zu. Vor Angst waren sie Hals über Kopf geflohen und hatten alles zurückgelassen.

Zuerst glaubte niemand, was die Bettler erzählten.

„Das ist eine Falle", warnte der König. „Bestimmt haben sich die Feinde versteckt und warten nur darauf, uns zu überfallen. Aber dann entdeckten Kundschafter die Spuren der Feinde, die in Richtung ihrer Heimat deuteten. Da gab es kein Halten mehr, und alle Bewohner Samarias stürmten aus den Toren heraus.

Der Offizier des Königs, der über Elisa gelacht hatte, stolperte und wurde von der Menge zu Tode getrampelt. Damit erfüllte sich, was Elisa angekündigt hatte: Er kam nicht mehr in den Genuß des Essens, das Gott ihnen gab.

Das Ende von Königin Isebel

Das Volk Israel war seit vielen Jahren geteilt. Im Nordreich Israel herrschte ein Sohn Ahabs. Auch die böse Königin Isebel lebte noch. Beide wollten nichts von Gott wissen. Im südlichen Königreich Juda war ein Nachkomme Salomos König. Er hieß Joram. König Joram heiratete Atalja, eine Tochter von Isebel und Ahab. Diese Heirat führte zu Unfrieden zwischen Israel und Juda.

Nach Jorams Tod wurde sein Sohn Ahasja König von Juda. Auch er kümmerte sich nicht um Gott, sondern betete Baal und andere Götzen an. Eines Tages reiste er in das Nordreich, um den König von Israel zu besuchen. Dieser war nämlich im Krieg gegen Syrien verletzt worden und wollte nun seine Wunden ausheilen lassen.

Aber seine Soldaten schimpften: „Der macht es sich leicht und nimmt sich mitten im Krieg ein paar Tage Urlaub. Unser General Jehu wäre ein viel besserer König!"

In dem folgenden Aufstand wurde der König von Israel ermordet und Jehu zu seinem Nachfolger ernannt.

Der König von Juda versuchte zu entkommen, aber Jehus Männer holten ihn ein und verwundeten ihn so schwer, daß er kurz darauf starb.

Schließlich wurde auch Isebel von den Dienern des neuen Königs gepackt und aus dem Fenster geworfen. Sie starb auf dem Steinpflaster vor ihrem eigenen Palast und wurde genau wie ihr Mann Ahab von wilden Hunden aufgefressen.

Auf diese Weise strafte Gott die gottlose Familie von Ahab und Isebel, die so viel Unheil über das Volk gebracht hatte.

Eine der ersten Regierungsmaßnahmen des neuen Königs Jehu begann mit einer List. Alle Anhänger Baals wurden unter einem Vorwand zu einem großen Opferfest eingeladen. Jehu wollte sie dort in die Falle locken und alle auf einmal töten lassen.

Und tatsächlich: Aus allen Teilen des Landes kamen Baalsanhänger zusammen. Jehu und seine Soldaten waren ebenfalls gekommen, aber unter ihren Gewändern trugen sie Schwerter verborgen. Kurz nach Beginn des Opferfestes stürzten sie sich auf die Baalsanhänger und töteten sie.

„An der Stelle dieses Baalstempels werden wir eine öffentliche Toilette aufstellen lassen“, sagte Jehu und warf die Götzenbilder ins Feuer.

Von nun an konnten die Menschen in Israel wieder in aller Öffentlichkeit Gott anbeten. Anders sah es jedoch im Südreich Juda aus. Dort lebte Isebels Tochter Atalja – und sie sann auf Rache.

Der versteckte Prinz

Als Isebels Tochter Atalja erfuhr, daß ihr Sohn Ahasja von Jehu getötet worden war, trauerte sie nicht lange. „Nun werde ich als Königin herrschen", sagte sie zufrieden.

„Aber Majestät", wandten ihre Diener ein, „nach dem Gesetz wird nun ein anderer Eurer Söhne König."

„Tötet sie alle!" befahl Atalja. „Und auch meine Enkelsöhne. Wenn kein Nachkomme Ahasjas übrig ist, kann ich mit Fug und Recht das Land regieren!"

Während die Soldaten durch den Palast liefen und alle Mitglieder der königlichen Familie töteten, lag der Priester Jojada weinend auf dem steinernen Fußboden des Tempels und betete. Er war allein in dem großen, dunklen Gebäude, denn die meisten Menschen in Jerusalem hatten solche Angst vor der Königin, daß sie es nicht wagten, Gott öffentlich im Tempel anzubeten.

Plötzlich hörte Jojada ein Geräusch hinter sich. Er sprang auf und sah seine Frau, die ein kleines Bündel auf dem Arm trug.

„Wir müssen den kleinen Prinzen verstecken", keuchte sie atemlos. „Alle seine Brüder, Onkel und Vettern sind tot. Ich konnte ihn gerade noch rechtzeitig aus dem Palast herausschmuggeln."

Schnell brachten sie den Säugling in eine kleine Kammer im hinteren Teil des Tempels.

Außer ihnen wußte niemand, daß der kleine Joasch, der jüngste Sohn von Ahasja, noch lebte. Sieben Jahre verbrachte er in diesem Versteck. Der alte Priester und seine Frau erzählten ihm viel von Gott. „Er hat dich bewahrt", sagten sie. „Sicher hat er etwas Besonderes mit dir vor."

Das Volk hatte unter der Herrschaft von Königin Atalja sehr zu leiden. Als der kleine Joasch sieben Jahre alt war, rief der Priester Jojada eines Tages die Offiziere der königlichen Garde im Tempel zusammen. Die Königin im Palast durfte nichts von ihrer Zusammenkunft merken.

Erwartungsvoll schauten die Männer Jojada an. Was hatte der Priester ihnen zu sagen? Warum ließ er die alten Schwerter und Speere austeilen, die einst König David gehört hatten?

„Ich möchte euch euren wahren König zeigen", sagte Jojada endlich. Dann führte er den kleinen Joasch aus seinem Versteck. „Gott hat bestimmt, daß immer ein Nachkomme Davids König über sein Volk sein soll."

Ein Raunen ging durch die Menge. „Wir dachten, alle Prinzen seien tot", flüsterten sie, während der Priester dem kleinen Jungen die Krone aufsetzte.

„Hier ist eine Abschrift der Gebote, die Gott unserem Volk gegeben hat", sagte Jojada und gab Joasch eine Pergamentrolle. „Wenn du dich an diese Gebote hältst, wirst du ein guter König sein."

Die Menschen im Volk waren begeistert, als sie erfuhren, daß Joasch zum König ernannt worden war. Sie jubelten und klatschten in die Hände, Trompeten ertönten, und alles feierte den neuen König.

„Was ist das für ein Lärm?" Atalja kam aus dem Palast herbeigelaufen. Da erblickte sie ihren Enkelsohn oben auf der Tempeltreppe, dort, wo sonst der König zu sitzen pflegte, umgeben von Männern mit gezückten Schwertern.

„Verrat!" schrie sie außer sich vor Empörung. Aber die aufgebrachte Menge zerrte sie aus dem Tempel heraus und tötete sie. Dann stürmte das Volk zum Tempel des Baal, riß die Götzenbilder nieder und zerstörte die Altäre.

Unter großem Jubel wurde Joasch zum Palast geführt und auf den Königsthron gesetzt.

Jona 1-4

Im Bauch des Fisches

Nein, Herr, das geht nicht! Du kannst mich doch nicht zu den Assyrern schicken. Das sind schließlich unsere Feinde. Und sie wollen auch gar nichts von dir wissen." Der Prophet Jona ärgerte sich.

Gott hatte ihm einen Auftrag gegeben. „Geh nach Ninive, in die Hauptstadt des assyrischen Reiches", hatte er gesagt. „Sag den Menschen, daß ich ihre bösen Taten kenne. Sie sollen ihr Leben ändern und meine Gebote halten, sonst wird Ninive zerstört."

Aber Jona wollte nicht. Schon bei dem Gedanken an die Großstadt Ninive bekam er eine Gänsehaut. Und so machte sich Jona auf den Weg. Doch anstatt quer durch die Wüste nach Ninive zu gehen, wie Gott es befohlen hatte, stieg Jona in ein Schiff, das genau in die entgegengesetzte Richtung fuhr. Dabei vergaß er, daß man vor Gott einfach nicht davonlaufen kann, weil Gott ja überall ist.

„Bald bin ich in Spanien in Sicherheit", dachte er beim Einschlafen. Aber mitten in der Nacht weckte ihn ein furchtbarer Sturm, der das Schiff hin und her warf. Das Segelschiff stöhnte und ächzte in den Wogen, riesige Wellen schlugen auf das Deck.

„Hilfe, wir gehen unter!" schrien die Seeleute.

„Betet zu euren Göttern", rief der Kapitän. „Vielleicht helfen sie uns."

Jona hatte ein schlechtes Gewissen. „Bestimmt hat Gott diesen Sturm geschickt, weil ich ungehorsam war", dachte er.

„Werft mich über Bord", rief er schließlich dem Kapitän zu. „Dann wird sich das Meer beruhigen."

Zuerst wollte der Kapitän nicht, aber als der Sturm immer schlimmer wurde, tat er es doch. Sogleich legte sich der Wind.

Jona versank in den tosenden Wellen. Das salzige Wasser drang ihm in Mund und Nase, er prustete und rang nach Luft.

„Jetzt muß ich sterben", dachte er. Aber Gott schickte einen riesigen Fisch, der Jona verschluckte.

Im Bauch des Fisches betete Jona zu Gott. Er bat ihn um Verzeihung für seinen Ungehorsam. Nach drei Tagen schwamm der Fisch ans Ufer und spuckte Jona an Land. Da hörte er wieder Gottes Stimme:

„Jona, geh nach Ninive!"

„Ja, Herr", seufzte Jona. Diesmal gehorchte er.

Er stellte sich mitten auf die belebten Straßen und Plätze der Stadt und rief: „In vierzig Tagen wird Gott die Stadt zerstören!" Die Menschen begannen zu jammern und zu klagen. Auch der König erschrak, als er hörte, was Jona sagte.

„Niemand in der Stadt darf heute etwas essen oder trinken", befahl er. „Jeder soll Gott um Vergebung bitten."

Als Gott sah, daß die Bewohner es ernst meinten und ihr Leben änderten, verschonte er die Stadt.

Jona saß derweilen auf einem Hügel am Stadtrand. Er wollte von hier aus beobachten, wie Gott die Stadt zerstörte. Als nichts geschah, wurde er wütend. „Ich habe es gewußt!“ schimpfte er. „Gott ist zu gutmütig. Diese Menschen hätten den Tod verdient.“ Die Sonne schien glühendheiß auf ihn herab, und er fühlte sich sterbenselend.

Da ließ Gott eine Pflanze mit großen Blättern wachsen. In ihrem Schatten ging es Jona gleich viel besser. Aber am nächsten Tag verdorrte die Pflanze, und die Sonne schien heißer denn je auf Jona nieder. „Ich wünschte, ich wäre tot“, dachte er zornig.

„Warum ärgerst du dich?“ hörte er da die Stimme Gottes. Jona sprang auf. „Dir tut eine Pflanze leid, für die du gar nichts getan hast. Und mir sollen nicht all die Menschen und Tiere in der Stadt leidtun, die ich geschaffen habe? Ich liebe sie genauso, wie ich dich liebe.“

Da begann Jona zu verstehen.

2. Chronik 26

Usija, der große Erfinder

Wenn es darum ging, gute Ideen zu haben oder etwas zu erfinden, war König Usija einfach unschlagbar.

„Solange ich in Jerusalem regiere, soll kein Feind unser Land erobern“, dachte er, während er auf die Stadtmauer kletterte.

„Bauleute“, rief er, „baut Türme in jede Ecke dieser Mauern. Ich habe riesige Katapulte erfunden, mit denen man Steine und Pfeile auf jede Armee schleudern kann, die uns zu nahe kommt.“

Außerdem machte sich Usija Gedanken, wie er die Landwirtschaft in seinem Reich verbessern konnte. Und tatsächlich: Obst und Gemüse gediehen unter seiner Anleitung besser als vorher. Er fand neue Wege, wie man größere und kräftigere Tiere züchten konnte. Alle Menschen hatten nun reichlich und gut zu essen, und deshalb waren sie mit ihrem König sehr zufrieden.

Usija war sehr stolz auf sich und seine Leistungen. „Wie gut, daß ich so klug bin“, dachte er manchmal. „Gott kann froh sein, daß ich König bin.“

Eines Tages beobachtete er im Tempel die Priester, wie sie geschäftig umhereilten. Sie verbrannten Opfertiere oder brachten Gott wohlriechende Rauchopfer dar.

„Das ist alles viel zu umständlich und unpraktisch“, dachte er. „Ich werde den Priestern einmal zeigen, wie man das besser machen kann.“

Er griff nach dem Becken für die Rauchopfer und eilte geradewegs in den heiligsten Raum des Tempels. Er kümmerte sich nicht darum, daß niemand außer den Priestern diesen Raum betreten durfte. Gott hatte das so bestimmt.

Entsetzt kamen die Priester aus allen Ecken des großen Tempels herbeigelaufen.

„Halt“, keuchten sie, „nur die Priester aus Aarons Familie dürfen Rauchopfer darbringen. Komm sofort aus dem Allerheiligsten heraus!“

„Ist euch klar, wen ihr vor euch habt?!“ fragte Usija stolz. „Ich bin der größte König aller Zeiten. Ich kann tun, was ich will.“ Er hatte vergessen, daß Gott stolze Menschen nicht gebrauchen kann.

„Seht doch nur!“ riefen plötzlich die Priester erschrocken und wichen ein paar Schritte zurück. Alle Augen richteten sich auf das Gesicht des Königs: Es war übersät von weißen Flecken.

„Der König hat Lepra!“ sagte einer.

Niemand mit dieser schrecklichen Krankheit durfte sich im Tempel aufhalten. Darum führten die Priester Usija schnell zur Hintertür hinaus.

Alle hatten Angst, sich bei ihm anzustekken. Der kranke Usija mußte für den Rest seines Lebens ganz allein in einem Haus wohnen. Sein Sohn regierte das Land an seiner Stelle, und die Welt sah keine neue Erfindung mehr von König Usija.

Jesaja 6; 9; 14; 40; 50; 53

Jesaja – ein Blick in die Zukunft

Als Jesaja eines Tages in den Tempel ging, ahnte er nicht, wie sehr sich sein Leben von da an verändern würde.

Er hatte gerade angefangen zu beten, als er plötzlich von einem hellen Licht geblendet wurde. Träumte er? Nein, er war ganz wach. Aber das war doch... Er konnte geradewegs einen Blick werfen in die himmlische Welt. Dort saß Gott auf einem großen Thron, umgeben von einer Schar von Engeln. „Heilig, heilig, heilig ist Gott", riefen sie, und der Tempel erbebte in seinen Fundamenten.

„Jetzt muß ich sterben", war Jesajas erster Gedanke. Da hörte er Gott sagen: „Ich habe eine Botschaft für mein Volk. Wenn die Menschen meine Gebote nicht einhalten, werden schlimme Dinge geschehen. Ihre Feinde werden kommen und sie als Sklaven fortführen, ihre Häuser niederbrennen und auch diesen Tempel zerstören. Wer wird gehen und mein Volk vor diesen Ereignissen warnen?"

„Das ist furchtbar", dachte Jesaja. „Es muß sich doch jemand melden." Aber alles blieb still, und die Engel im Himmel bedeckten ihre Gesichter mit den Flügeln.

„Ich bin bereit zu gehen und die Menschen zu warnen", sagte Jesaja zögernd.

„Eines Tages werde ich mich den Menschen auf ganz besondere Weise zu erkennen geben", sagte Gott zu ihm. „Ich werde meinen eigenen Sohn auf die Welt schicken. Er soll von einer jungen Frau geboren werden, die noch nicht verheiratet ist. Man wird ihn „Gott-Held" und „Friedefürst" nennen. Der wird das Volk von seinen Sünden erlösen und euch alles über mich erzählen."

„Woher sollen wir wissen, wann dieser große König kommt?" fragte Jesaja.

„Ein Prophet wird vorher in der Wüste predigen", antwortete Gott. „Er wird euch sagen, wie ihr euch auf die Ankunft meines Sohnes vorbereiten sollt."

Jesaja verkündete diese gute Nachricht seinem Volk. Und fortan warteten die Menschen in Israel auf den Messias, wie sie den Sohn Gottes nannten, der kommen sollte.

„Wenn ich meinen Sohn auf die Erde schicke", verriet Gott Jesaja, „werden die Menschen ihn auslachen. Sie werden ihn schlagen, anspucken und ihm wehtun. Er wird mehr Leid ertragen müssen als je ein Mensch vor ihm. Zum Schluß werden sie ihn sogar töten."

„Nein, nein!" rief Jesaja entsetzt. „Das kannst du doch nicht zulassen! Willst du sie nicht daran hindern?"

„Das alles gehört zu meinem Plan", erklärte Gott. „Alle Menschen übertreten meine Gebote und tun immer wieder Dinge, die mir nicht gefallen. Ihr alle habt den Tod verdient. Deshalb muß mein Sohn an eurer Stelle geschlagen und getötet werden. Nur so bekommt ihr die Möglichkeit, für immer in meiner Nähe zu leben."

„Das verstehe ich nicht", sagte Jesaja mit Tränen in den Augen. „Ist das nicht ungerecht?"

„Ich werde meinen Sohn wieder zum Leben erwecken", erklärte Gott. „Er wird ein Herrscher sein über alle Menschen und Mächte der ganzen Welt für alle Zeiten."

Jesaja schrieb alles sehr sorgfältig auf. Erst viele hundert Jahre später erfüllten sich diese Worte: Jesus, der Sohn Gottes, starb am Kreuz und wurde von Gott wieder zum Leben auferweckt. Da erst verstanden die Menschen, wovon Jesaja geredet hatte.

Die Belagerung Jerusalems

Aus dem ganzen Land flüchteten die Menschen nach Jerusalem. „Schließt die Tore", keuchten sie. „Die Assyrer kommen! Wir sind verloren!"

„Vertraut auf Gott und betet zu ihm", rief der König Hiskia von den Stufen des Tempels herab. Neben ihm stand der Prophet Jesaja.

„Aber sie kommen geradewegs auf uns zu", jammerten die verängstigten Menschen.

Seit vielen Jahren hatte Jesaja das Volk gewarnt, so wie er es Gott versprochen hatte. Manchmal hatte er sich an die Tür des Tempels gestellt und den Menschen gesagt: „Ihr kommt in euren besten Kleidern hierher und seid sehr stolz auf eure Opfer. Aber Gott wird eure Gebete nicht erhören, solange ihr von eurem Reichtum nicht auch den Armen gebt, damit sie leben können. Ihr tut fromm, aber euer Leben sieht ganz anders aus. Sagt Gott, daß es euch leid tut, und ändert euer Leben, sonst werdet ihr wieder zu Sklaven werden."

Als die Menschen erkannten, in welcher Gefahr sie schwebten, dachten sie an Jesajas Worte und baten Gott um Hilfe und Vergebung.

König Sanherib von Assyrien griff die Stadt Jerusalem nicht sofort an, sondern schickte drei kluge Männer seiner Armee voraus. „Macht den Menschen Angst, damit sie uns ihre Stadttore freiwillig öffnen", sagte er ihnen.

Überall lugten ängstliche Gesichter über die Stadtmauer, um die drei Gesandten Sanheribs anzuschauen. Diese riefen so laut, daß jeder sie hören konnte: „Gebt auf! Ihr wißt doch, daß ihr nicht lange gegen uns standhalten könnt. Ihr seid in eurer Stadt gefangen wie ein Vogel im Käfig. Euer Gott kann euch auch nicht helfen. Gegen den großen König Sanherib ist er machtlos. Öffnet die Tore, dann bringen wir euch Wein und Trauben und viel Brot und Honig." Die Menschen waren sehr hungrig, aber niemand rührte sich. Sie vertrauten auf Gott.

Da versuchten es Sanheribs Männer mit einer neuen List. Sie schickten einen Brief an Hiskia:

„Ich, Sanherib, habe den Rest der Welt erobert. Nun komme ich zu euch. Wenn ich Tunnel unter eure Stadtmauern graben lasse oder die Stadttore mit meinen großen Maschinen einschlage, kann euch euer Gott auch nicht helfen."

Schnell lief Hiskia in den Tempel und legte den Brief, der ihm große Angst einflößte, vor Gott hin.

„Was soll ich nur tun?“ fragte er Gott im Gebet. Kurz darauf erhielt er eine Antwort.

„Sanherib hat mich beleidigt“, ließ Gott ihm durch seinen Propheten Jesaja sagen. „Deshalb will ich der ganzen Welt zeigen, wie mächtig ich bin. Nicht ein einziger Pfeil wird gegen Jerusalem abgeschossen werden. Ich werde Sanherib in Schande nach Ninive zurückführen wie einen Ochsen mit einem Ring durch die Nase.“

Als das riesige Heer der Assyrer erschien und die Soldaten rings um die Stadt ihr Lager aufschlugen, sah es so aus, als erwiese sich Jesajas Voraussage diesmal als falsch. Aber Gott sorgte dafür, daß noch in derselben Nacht alle feindlichen Soldaten starben. Am nächsten Morgen lagen sie tot in ihren Zelten. Geschlagen machte sich Sanherib auf den Weg nach Hause. Bald darauf wurde er von zweien seiner Söhne ermordet. Die Menschen in Israel hatten wieder einmal erlebt, daß Gott seine Zusagen hält und daß er es nicht duldet, wenn man über ihn spottet. Von überall her kamen sie in den Tempel, um Gott Dankopfer zu bringen und ihn zu ehren.

Ein ungeratener Sohn

Eines Tages wurde König Hiskia sehr krank. Der Prophet Jesaja besuchte ihn, aber er brachte eine schlechte Nachricht mit:

„Gott sagt, daß du bald sterben wirst", sagte er betrübt.

Hiskia fing an zu weinen. „Herr", flehte er zu Gott, „mach mich wieder gesund."

Gott erhörte sein Gebet und schenkte ihm noch fünfzehn Jahre. In diesen fünfzehn Jahren allerdings passierten zwei Dinge, die schlimme Folgen für Israel haben sollten.

Eines Tages bekam Hiskia Besuch von einigen feingekleideten Männern aus der Stadt Babylon. Voller Stolz führte Hiskia die Besucher durch Jerusalem und zeigte ihnen alle Reichtümer der Stadt. „Ich möchte euch auch unseren großartigen Tempel zeigen", sagte er schließlich und führte die Fremden bis in die geheimen Räume, wo die wunderbaren Tempelschätze aufbewahrt wurden.

„Warum hast du ihnen alles gezeigt?" fragte Jesaja hinterher. „Hast du nicht den gierigen Glanz in ihren Augen bemerkt? Eines Tages werden die Babylonier zurückkommen und uns alles wegnehmen."

„Ach was," erwiderte Hiskia unbekümmert, „Babylon ist weit weg." Aber das war ein großer Irrtum.

Das zweite folgenreiche Ereignis in diesen Jahren war die Geburt von Hiskias Sohn Manasse. Als dieser mit nur zwölf Jahren König wurde, brach eine schlimme Zeit an. Anders als sein Vater Hiskia kümmerte sich Manasse nicht im entferntesten um Gottes Gebote. Im ganzen Land und sogar im Tempel wurden Statuen des Götzen Baal aufgestellt. Überall trieben Geisterbeschwörer und Zauberer ihr Unwesen.

Gott ließ Manasse eine Zeitlang gewähren. Immer wieder warnte er ihn vergebens. Dann griff er ein. Er schickte die Assyrer zu einem neuen Angriff auf Jerusalem. Diesmal gelang es ihnen, die Stadt zu erobern, und Manasse wurde in Ketten nach Ninive geführt.

Im dunklen Gefängnis erinnerte sich Manasse an seine Kinderzeit und an den Glauben seines Vaters. Er weinte bittere Tränen.

„Ob Gott auch einem Menschen vergeben kann, der so viel falsch gemacht hat wie ich?" überlegte er.

Gott vergab Manasse tatsächlich und sorgte dafür, daß die Assyrer ihn nach Hause schickten, ja er durfte sogar wieder König sein.

Die Menschen erkannten Manasse kaum wieder, so sehr hatte er sich verändert. Im ganzen Land verbrannte er die Standbilder Baals. Er verjagte die Götzendiener und Zauberer und sorgte dafür, daß in seinem Land wieder Gott allein angebetet wurde.

Das vergessene Buch

Josia, ein Enkel von König Manasse, war erst acht Jahre alt, als er König wurde. Schon als kleiner Junge hatte er Gott lieb und wollte ihm gehorchen. Er war sehr traurig darüber, daß der Tempel Gottes so verwahrlost war und fast einzustürzen drohte.

„Wenn ich groß bin, werde ich ihn wieder aufbauen lassen", nahm er sich fest vor.

Endlich war es soweit: Die Arbeiter begannen mit den Renovierungsarbeiten. In einem kleinen Abstellraum, der mit altem Gerümpel vollgestopft war, fiel den Männern eine verstaubte alte Schriftrolle in die Hände.

„Was ist denn das?" fragte der Hohepriester verwundert.

„Sie scheint sehr alt zu sein", meinte sein Sekretär ehrfürchtig. „Wir sollten sie dem König zeigen."

„Majestät", riefen die Männer aufgeregt, als sie in den Palast kamen, „wir haben ein uraltes Buch gefunden. Es steht etwas von Mose darin."

Sechshundert Jahre zuvor hatte Mose Gottes Gebote für sein Volk aufgeschrieben. Darin stand auch, was geschehen würde, wenn die Menschen diese Gebote nicht einhielten. Dann legte er die Gebote in eine vergoldete Schatulle, die Bundeslade, und sagte zu den Priestern: „Alle sieben Jahre sollt ihr das Buch herausnehmen und dem ganzen Volk die Gebote Gottes vorlesen."

„Das haben wir schon lange nicht mehr getan", gab der Hohepriester jetzt kleinlaut zu. „Ich wußte gar nicht, daß es dieses Buch mit den Geboten gibt."

Bestürzt hörte Josia zu, als man ihm aus dem Buch vorlas. „Wir haben Gottes Gebote gebrochen", sagte er. „Sicher werden die Strafen, die in dem Buch angekündigt sind, bald eintreten."

Mit Tränen in den Augen wandte er sich an den Hohenpriester: „Bitte frage Gott, was wir tun können."

Jesaja war inzwischen gestorben, und nun sprach Gott durch eine Prophetin. Ihre Antwort machte jedoch alle nur noch trauriger:

„Gott sagt: Mein Volk hat sich von mir abgewendet. Es betet falsche Götter an. Darum werde ich es bestrafen, so wie es in den Schriftrollen geschrieben steht."

„Ruft alle in den Tempel", befahl der junge König, „Alte und Junge, Arme und Reiche, und lest ihnen das Buch vor."

Bis zu seinem Lebensende bemühte sich Josia nach Kräften, das Volk wieder zu Gott zu führen. Er riß die Götzenaltäre nieder und verbrannte die Götzenbilder. Dann feierten sie miteinander das Passafest, wie es das Volk Israel getan hatte, als es aus Ägypten kam. Seit vielen hundert Jahren war im Land kein so fröhliches Passafest gefeiert worden!

Jeremia 1; 20; 29; 33; 36

Jeremia und das verbrannte Buch

Als König Josia tot war, vergaß man im Volk Israel schnell wieder, daß man gerade erst das Versprechen erneuert hatte, Gottes Gebote zu halten. Die Menschen lebten sicher und selbstzufrieden und dachten, Gott stehe ja sowieso auf ihrer Seite. Auch der neue König Jojakim wollte von Gott nichts wissen. „Ich will sie noch einmal warnen“, beschloß Gott. „Jeremia soll das in meinem Auftrag tun.“

„Schon bevor du geboren wurdest, habe ich dich zu meinem Propheten bestimmt“, sagte Gott eines Tages zu Jeremia.

„Aber ich bin doch viel zu jung dafür“, stammelte Jeremia. „Ich weiß gar nicht, was ich sagen soll.“

Da berührte Gott Jeremias Lippen und sagte: „Ich lege meine Worte in deinen Mund.“

Kurz darauf stellte sich Jeremia mitten auf den belebten Marktplatz von Jerusalem. „Hört zu!“ rief er in den Lärm hinein. „Gott sagt euch, daß er euch liebt. Aber ihr kehrt ihm immer wieder den Rücken zu. Wenn ihr euch nicht ändert, wird er aus dem Norden Feinde kommen lassen, die uns und unsere Stadt vernichten.“

Niemand hörte auf den jungen Propheten. Die Leute gingen einfach weiter und redeten und lachten, ohne Jeremias Worte ernst zu nehmen. Dann sprach Jeremia ein paar Kinder an, die gerade Brennholz sammelten.

„Wir haben keine Zeit“, riefen sie zurück. „Wir wollen Kuchen backen und ihn der Mondgöttin opfern.“

„Wie bitte?“ fragte Jeremia entsetzt. „Der Mond ist doch keine Göttin. Wißt ihr das nicht? Gott ist der einzige, den ihr anbeten sollt.“ Aber die Kinder lachten nur und liefen weg.

Nicht einmal die Priester im Tempel hörten auf Jeremias Warnung. „Er lügt“, sagten die Männer, die sich als Propheten aufspielten. „Gott wird sein Volk nie im Stich lassen, was es auch tut.“

„Das sind eure eigenen Ideen, aber nicht die Gedanken Gottes“, rief Jeremia. Das erzürnte die Priester so, daß einer von ihnen Jeremia auspeitschen ließ. Dann kettete man den Propheten draußen am Stadttor an und ließ ihn die ganze Nacht dort stehen. Viele Menschen kamen vorbei und verspotteten ihn.

Als Jeremia am nächsten Morgen freigelassen wurde, schlich er sich durch eine enge, finstere Gasse davon. „Niemand glaubt mir“, dachte er bedrückt. „Jetzt bin ich still. Soll Gott sie ruhig vernichten; sie haben es verdient.“

Aber Gott wollte sein Volk nicht aufgeben. Er sagte zu Jeremia: „Schreibe alles auf, was ich dir gesagt habe.“

Jeremia bat seinen Freund Baruch, ihm zu helfen.

„Ich darf nicht mehr in den Tempel“, sagte Jeremia, als sie endlich fertig waren. „Aber du kannst hingehen und aus meinem Buch laut vorlesen.“

„Sie haben das Buch zum König gebracht“, berichtete Baruch, als er wenig später zurückkam.

„Wunderbar!“ rief Jeremia aus. „Als das verlorene Buch von Mose wiedergefunden wurde, war König Josia davon tief getroffen. Vielleicht ändert auch Jojakim sein Leben, wenn er hört, was Gott sagt.“

Aber der neue König war anders als Josia.

Er lachte schallend über Jeremias Buch, zerschnitt es mit seinem Messer und warf die Schnipsel ins Feuer.

Jeremia wurde daraufhin ins Gefängnis gesteckt. Bald dachte niemand mehr an ihn. Niemand? Doch, einer! Gott hatte seinen Propheten nicht vergessen. Er hatte noch einen wichtigen Auftrag für Jeremia.

Jeremia 37-38; 2. Könige 25; 2. Chronik 36

Jerusalem wird zerstört

Nebukadnezar von Babylon war der mächtigste König seiner Zeit. Er hatte sich vorgenommen, die ganze Welt unter seine Herrschaft zu bringen. Nicht im Traum hätte er gedacht, daß alles, was er tat, nur ein Teil in einem Plan war, den Gott für die Menschen hatte.

„Ich habe gehört, daß der Tempel in Jerusalem vollgestopft ist mit kostbaren Schätzen", sagte Nebukadnezar. „Die können wir gut gebrauchen. Wir wollen sie uns holen!"

Bald brach er mit seinem Heer nach Jerusalem auf und belagerte die Stadt, wie Jeremia es angekündigt hatte. Nebukadnezars Soldaten drangen in die Stadt ein. Sie raubten die Tempelschätze und nahmen König Jojachin gefangen.

„Jeden, der zu irgendeiner Arbeit taugt, nehmen wir mit nach Babylon", befahl König Nebukadnezar. „Alle Bauleute, Zimmerleute, Schreiber und Goldschmiede, alle Köche, Sänger und Tänzer sollen für uns arbeiten. Nur die armen, kranken, schwachen und alten Leute dürfen hierbleiben."

Einige Jahre später belagerte Nebukadnezar erneut Jerusalem. „Was sollen wir tun?" überlegte der neue König, Zedekia, tief beunruhigt.

„Wo steckt dieser Jeremia? Er könnte für uns beten." Heimlich ließ er Jeremia aus dem Gefängnis holen.

„Gott hat uns schon einmal gerettet, als unsere Stadt in Gefahr war", sagte

der König. „Was sollen wir diesmal tun?“

„Gott sagt, daß ihr die Stadttore öffnen und euch den Feinden ergeben sollt“, antwortete Jeremia. „Nebukadnezar wird Jerusalem erobern. Diesmal macht Gott ernst mit seiner Strafe.“

Man brachte Jeremia zurück ins Gefängnis und warf ihn in einen tiefen, leeren Brunnen.

„Das ist wohl mein Ende“, dachte Jeremia, als er in den Schlamm am Grund des Brunnens einsank. „Jetzt muß ich verhungern.“

Aber Gott ließ Jeremia nicht im Stich. Ein Afrikaner namens Ebed-Melech hatte Mitleid mit ihm. Er ging zum König: „Es ist nicht richtig, Jeremia so schlecht zu behandeln“, sagte er mutig.

Der König gab ihm die Erlaubnis, Jeremia zu befreien. Da ging Ebed-Melech mit dreißig Männern zum Brunnen. Sie ließen ein Seil hinunter und zogen Jeremia heraus.

Dann kam der schlimme Tag, an dem die Feinde die Stadtmauern einrissen. Sie setzten alle Häuser und Paläste in Brand. Das Schlimmste aber war, daß Salomos goldener Tempel in einen Schutthaufen verwandelt wurde.

Dann wurde auch das übrige Volk nach Babylon verschleppt. Lediglich die ganz Armen und Besitzlosen durften in Juda wohnen bleiben. Wieder mußten die Israeliten in einem fremden Land leben und einem fremden König dienen, wie vor langer Zeit in Ägypten.

Jeremia blieb mit den Zurückgelassenen in der leeren, zerstörten Stadt Jerusalem. Trauernd wanderte er zwischen den Trümmern umher. Sollte dies das Ende seines Volkes sein? Das konnte er nicht glauben.

Jeremia schrieb einen Brief an seine Landsleute in Babylon, in dem er ihnen neuen Mut machte: „Gott sagt: Ich habe euch immer noch lieb. Eure Kinder werden eines Tages in euer Land zurückkehren und Jerusalem wiederaufbauen. So lange sollt ihr in der Fremde lernen, mich zu lieben.“

Vier Prinzen gehen zur Schule

Heiß brannte der Sand unter den Füßen der Sklaven. Die Ketten hatten ihre Gelenke wundgescheuert. Viele hundert Kilometer wurden die Israeliten durch die Wüste getrieben. Als sie in Babylon ankamen, waren sie zum Umfallen müde.

Unter den Weggeführten befanden sich auch vier junge Prinzen.

„Egal was kommt", sagte Daniel, der Älteste, „wir vier wollen uns zu Gott halten und seine Gebote befolgen." Auf die erste Bewährungsprobe für ihren Glauben mußten sie nicht lange warten.

„Die Israeliten sind kluge Leute", sagte König Nebukadnezar nachdenklich. „Wenn ich erst einmal die ganze Welt beherrsche, dann brauche ich kluge Berater." Er wandte sich an seinen Diener: „Wähle die schönsten und klügsten Jungen unter den Sklaven aus. Sorg dafür, daß sie unsere Sprache lernen. Und in drei Jahren sollen die besten von ihnen mir in meinem Palast dienen."

Daniel und seine drei Freunde wurden ausgewählt, um die königliche Schule zu besuchen. Sie freuten sich über diese Auszeichnung, aber schon beim ersten Mittagessen bekamen sie einen Schreck.

„Was sollen wir tun?" flüsterte Daniel. „Dieses Fleisch dürfen wir doch gar nicht essen!" Gott hatte den Israeliten besondere Regeln dafür gegeben, was sie essen durften und was nicht.

Der Lehrer sah die Jungen flüstern. „Was ist los?" fragte er. „Die Speisen und der Wein kommen direkt vom Tisch des Königs."

„Ja, gewiß", stotterte Daniel, „die Speisen sind bestimmt ausgezeichnet, aber dieses Fleisch dürfen wir nicht essen."

„Der König wird mich töten, wenn ihr blaß und schwach seid!" rief der Lehrer erschrocken.

„Wir können doch einen Versuch machen", bat Daniel. „Gib uns zehn Tage lang nur Gemüse zu essen."

Nach zehn Tagen schaute sich der Lehrer die vier Prinzen genau an. „Ihr seht gut aus", staunte er. „Eßt, was ihr wollt!"

Dann kam der große Tag, an dem alle vor den König treten mußten. Die Prüfung dauerte von morgens bis abends. Endlich gab Nebukadnezar seine Wahl bekannt.

„Ich nehme diese vier", sagte er und zeigte auf Daniel und seine Freunde. „Sie sind die besten Schüler."

Daniel 2; 3

Der Alptraum

Eines Nachts schreckte König Nebukadnezar vom Schlaf hoch. „Ich hatte einen schrecklichen Traum", schrie er seine Leibwächter an. „Holt sofort meine Berater her!"

Eilige Schritte hallten durch den Palast, aber niemand dachte daran, die vier Prinzen aus Israel zu wecken.

„Deutet meinen Traum!" verlangte der König von den klügsten Männern Babylons, die sich um sein Bett drängten. Aber sie konnten ihm nicht helfen, denn der König erinnerte sich nicht einmal mehr daran, was er geträumt hatte. Da wurde Nebukadnezar sehr zornig.

„Wache!" schrie er wütend. „Hinweg mit diesen Dummköpfen! Tötet sie!"

„Die vier müssen auch sterben", brummten die Soldaten, polterten in das Schlafzimmer der Prinzen und zerrten sie aus ihren Betten.

„Was ist los?" fragte Daniel entrüstet. „Wofür sollen wir bestraft werden?"

Einer erklärte ihm, was passiert war.

Daniel ging sofort zum König und bat ihn: „Gebt uns noch etwas Zeit. Wir wollen Gott bitten, uns deinen Traum zu deuten."

„Meinetwegen", knurrte der König mißmutig, „aber wenn ihr mir morgen nicht sagen könnt, was er bedeutet, werdet ihr sterben."

„Nun?" fragte Nebukadnezar am nächsten Morgen, als die vier Freunde in seinen Thronsaal geführt wurden. „Könnt ihr Träume deuten?"

„Wir können es nicht", antwortete Daniel. „Aber unserem Gott ist nichts unmöglich. Er hat mir gezeigt, was ich Euch sagen soll. Eure Majestät träumte von einer großen goldenen Statue."

„Stimmt!" rief der König überrascht.

„Dann fiel plötzlich ein Felsbrocken herab und zermalmte die Statue", fuhr Daniel fort.

„Ja, ja", sagte der König ungeduldig, „aber was bedeutet das?"

„Die goldene Statue seid Ihr", antwortete Daniel. „Nach euch werden schwächere Könige auf dem Thron sitzen, und eines Tages wird Gott Euer Reich zerstören. Ein anderer König wird kommen und für alle Zeiten die Welt regieren."

„Du bist der klügste Mann in meinem Reich", rief Nebukadnezar. „Du und deine Freunde, ihr sollt ganz Babylon mitregieren."

Von da an genossen Daniel und seine Freunde hohes Ansehen beim König. Bis – ja, bis zu jenem Tag, an dem Nebukadnezar eine Idee hatte: „Ich werde mir eine große goldene Statue bauen lassen", beschloß er. „Dann sollen sich alle Menschen vor meiner Statue verbeugen und sie anbeten."

Als das riesige Denkmal enthüllt wurde, war der König begeistert. Dann ließ Nebukadnezar die vornehmsten Männer aus dem ganzen Land zu sich kommen.

„Hört alle gut zu!“ rief er. „Wenn die Musik einsetzt, sollt ihr vor meiner Statue niederfallen und sie anbeten. Wer nicht niederfällt, wird in den Feuerofen geworfen.“

„Was sollen wir tun?“ fragten sich Daniels Freunde. Sie standen mitten in der riesigen Menschenmenge und warteten darauf, daß die Musik begann. „Wir verletzen Gottes Gebote, wenn wir uns vor dieser Statue niederbeugen. Aber wenn wir es nicht tun, werden wir getötet.“

Daniel war an jenem Tag nicht bei ihnen, aber die drei wußten auch so, was sie zu tun hatten. Die Musik brauste los und erfüllte das ganze Tal. Alle Menschen verneigten sich tief bis zur Erde. Nur die drei jungen Männer blieben aufrecht stehen.

Daniel 3-5

Die Schrift an der Wand

Wie könnt ihr es wagen, meinen Befehl zu mißachten?" Der König schnaubte vor Wut, als er die drei Freunde aufrecht in der gebeugten Menschenmenge erblickte.

„Entweder ihr verehrt mein Denkmal wie alle anderen, oder ich lasse euch in den Feuerofen werfen. Kein Gott kann euch dann noch schützen."

„Unser Gott kann uns retten", antworteten die Prinzen. „Und selbst wenn wir sterben müssen: Wir beten zu keinem anderen als zu dem lebendigen Gott."

„Ins Feuer mit ihnen!" schrie der König außer sich vor Wut.

Für den Bau der Statue hatten die Handwerker große Öfen benutzt, die so große Hitze erzeugten, daß Gold darin geschmolzen werden konnte. Aber diesmal befahl der König, das Feuer noch viel heißer

zu machen. Die Hitze war so groß, daß die Soldaten, die die Prinzen ins Feuer warfen, tot umfielen.

Der König starrte voller Genugtuung in den Feuerofen. Das war die gerechte Strafe für Ungehorsam! Doch plötzlich veränderte sich sein Gesichtsausdruck: Er bekam Angst.

„Seht", rief er und deutete mit zitternder Hand auf den Ofen. „Die Männer gehen in den Flammen umher. Und da ist noch ein vierter Mann bei ihnen. Das ist bestimmt ein Engel!"

Schnell öffnete man den Ofen und holte die Prinzen heraus. Sie waren völlig unversehrt, nicht einmal ihre Kleider rochen verbrannt.

„Euer Gott ist der Gott aller Götter!" staunte Nebukadnezar.

Solange der König lebte, blieben Daniel und seine Freunde seine wichtigsten Berater in Babylon.

Schließlich starb Nebukadnezar, und sein Sohn Belsazar wurde König. Er konnte die Juden nicht leiden, und darum schickte er sie aus dem Palast fort.

„Ich will ein Fest feiern mit tausend Gästen!" rief Belsazar eines Tages ausgelassen.

„Aber Majestät!" protestierten seine Minister. „Unsere Feinde, die Perser, marschieren gegen Babylon auf!"

„Keine Sorge", winkte der König ab. „Unsere starken Stadtmauern kann niemand überwinden."

Aus dem hell erleuchteten Palast drangen wenig später laute Musik und wildes Gelächter. Der König und seine Freunde amüsierten sich bei Wein und guten Speisen.

„Holt alle goldenen Becher herbei, die mein Vater aus dem Tempel von Jerusalem mitgebracht hat!" lallte Belsazar schließlich. „Wir wollen daraus auf das Wohl unserer Götter trinken."

Plötzlich erstarb der Lärm des Festmahls. Es wurde unheimlich still.

„Was ist das?" fragte der König erschrokken. „Diese riesige Schrift dort an der Wand!"

Niemand konnte die seltsamen Worte lesen, die da im Kerzenschein aufleuchteten. Alle wurden leichenblaß und bekamen Angst.

„Dein Vater hatte einen sehr guten Berater, er hieß Daniel", erinnerte sich Belsazars Mutter. „Vielleicht weiß er, was die Schrift bedeuten soll."

„Holt ihn herbei!" stammelte der König. Er zitterte vor Angst, bis Daniel im Palast erschien.

„Diese Schrift ist eine Botschaft von Gott", sagte Daniel. „Sie besagt, daß Ihr nicht länger König bleiben werdet."

Wenige Stunden später drangen feindliche Soldaten in die Stadt ein. Die Perser eroberten Babylon. Noch in derselben Nacht wurde Belsazar von seinen Feinden umgebracht.

Daniel 6; 9

In der Löwengrube

Drei Männer schlichen im Schutz der Dunkelheit um Daniels Haus. Aufmerksam beobachteten sie ein Fenster im Obergeschoß.

„Da ist er!" flüsterten sie. „Er betet wieder! Bald sind wir ihn los."

Daniel kniete am offenen Fenster seines Schlafzimmers. Jeden Tag betete er hier morgens, mittags und abends und schaute dabei nach Jerusalem. Der neue Herrscher, der Perserkönig Darius, hatte zwar ein Gesetz erlassen, daß vier Wochen lang kein Gott angebetet werden durfte. Aber Daniel kümmerte sich nicht darum.

Er kniete an seinem Fenster und betete für Jerusalem. Dabei versuchte er, sich diese wunderschöne Stadt ins Gedächtnis zu rufen. So viele Jahre mußte er nun schon in einem fremden Land leben!

„Mein Gott, vergib deinem Volk", betete Daniel. „Es tut uns leid, daß wir uns von dir abgewandt haben. Bring uns doch zurück, damit wir unser Land wieder aufbauen können." Er merkte nicht, daß seine Feinde ihn belauschten.

König Darius schätzte Daniel sehr. Er hatte ihn wieder in den Palast geholt und zu einem seiner Minister gemacht. Er wollte ihn sogar noch weiter befördern und zu seinem Stellvertreter ernennen. Einige Männer am Hof des Darius wurden so eifersüchtig, daß sie Daniel in Schwierigkeiten bringen wollten.

„Majestät", sagten sie zum König, „Ihr seid mächtig und großartig wie ein Gott. Das solltet Ihr Euren Untertanen zeigen. Wir haben einen Vorschlag: Befehlt Eurem Volk, daß es vier Wochen lang keinen anderen Gott außer Euch um etwas bitten darf. Wer sich nicht nach diesem Gebot richtet, soll in die Löwengrube geworfen werden."

Der König fühlte sich geschmeichelt. Er merkte nicht, daß die Männer in Wirklichkeit nur Daniel eine Falle stellen wollten. Sie gingen davon aus, daß Daniel ein solches Gebot nicht beachten und weiterhin zu Gott beten würde, wie es seine Gewohnheit war.

„Jetzt haben wir dich erwischt!" riefen sie schadenfroh. „Wir werden es dem König melden!"

Darius war bestürzt. „Wie soll ich nur ohne Daniel fertigwerden?" fragte er besorgt. Den ganzen Tag überlegte er, wie er seinen Freund retten könnte. Aber persische Gesetze durften nicht einmal vom König abgeändert werden. Als es Abend

wurde, kamen die Soldaten und warfen Daniel zu den ausgehungerten Löwen in die Grube.

„Dein Gott schütze dich!" rief der König Daniel zu. Dann ging er bedrückt nach Hause in seinen Palast. Er aß nichts und trank nichts. Die ganze Nacht wälzte er sich schlaflos in seinem Bett. Immer mußte er an Daniel denken. Ob sein Gott ihn vor den hungrigen Löwen retten konnte?

Endlich wurde es hell. Der König sprang aus seinem Bett und eilte zur Löwengrube.

„Daniel", rief er mit klopfendem Herzen, „hat dein Gott dich gerettet?"

„Ja, Majestät", schallte Daniels feste Stimme von unten. „Gottes Engel haben den Löwen den Rachen zugehalten."

Wie erleichtert fühlte sich Darius! Sofort ließ er Daniel heraufziehen. Statt dessen warf er Daniels Feinde in die Grube. Noch bevor die Männer unten ankamen, hatten die Löwen sie schon in Stücke gerissen. Von diesem Tag an glaubte König Darius an den lebendigen Gott.

2. Chronik 36,22-23; Esra; Haggai 1

Die Heimkehr

Viele Jahre vergingen. Der persische König Kyrus, der neue Herrscher in Babylon, war ein weiser und gerechter Mann. Eines Tages ließ er öffentlich verkünden: „Gott hat zu mir gesprochen. Ich soll dafür sorgen, daß der Tempel in Jerusalem wieder aufgebaut wird. Alle Israeliten dürfen in ihre Heimat zurückkehren. Dort sollen sie das Haus Gottes aufbauen. Ich selbst werde alles bezahlen und auch die Tempelschätze zurückgeben."

Über diese Nachricht waren die Israeliten so glücklich, daß sie glaubten, es sei ein Traum. Viele Kilometer lang war der Zug der Männer und Frauen, die nach Hause wanderten. Die Menschen zogen Handkarren hinter sich her, darauf hatten sie ihren ganzen Besitz gestapelt. Hinter ihnen trotteten die Kamele und Esel, beladen mit Gold für den neuen Tempel. Unterwegs sangen sie fröhliche Lieder. Doch als sie endlich Jerusalem erreichten, verstummte ihr Gesang.

„Wie sollen wir nur das alles wiederaufbauen?“ seufzten sie entmutigt. „Die Stadt ist ja nur noch ein Haufen verkohlter Steine.“ Die Alten irrten umher und suchten mühsam die Plätze, wo einmal ihre Häuser gestanden hatten.

„Hier war der Tempel“, rief der Oberpriester. „Wir können Gott an dieser Stelle unsere Opfer bringen – unter freiem Himmel!“

Bald sangen alle so laut, daß ihre Stimmen von den umliegenden Hügeln widerhallten.

Aber schon bald begannen die Schwierigkeiten. Die Samariter im Nachbarland waren wütend. „Wir wollen nicht, daß die Juden zurückkommen!“ schimpften sie und stürmten nach Jerusalem.

Die Juden hatten bereits mit dem Bau des neuen Tempels begonnen. Nun aber bekamen sie Angst vor den Samaritern und versteckten schnell ihre Werkzeuge. Sie dachten nicht daran, daß sie Gott um Hilfe bitten konnten.

Ein Jahr später kehrten zwei Propheten in die verwahrloste Stadt zurück. Entsetzt schauten sie sich um.

„Ihr solltet euch schämen“, rief einer von ihnen, Haggai. „Ihr baut eure eigenen Häuser, aber das Haus Gottes, der Tempel, liegt immer noch in Trümmern.“

„Ihr solltet Jerusalem für den Messias vorbereiten“, sagte der andere Prophet, Sacharja. „Eines Tages kommt er auf einem Esel geritten und will in den Tempel einziehen.“

Da nahmen die Menschen ihre Arbeit am Tempel wieder auf. Sogar die Samariter zogen sich für eine Zeitlang zurück, so daß Gottes Volk in Ruhe bauen konnte.

Das schönste Mädchen

„Nein! Ich will nicht! Ich will bei Onkel Mordechai bleiben." Tränen liefen über Esters Gesicht, als die königlichen Beamten versuchten, sie in den Palast des Königs zu bringen.

Esters Onkel war nicht mit den anderen Juden nach Jerusalem zurückgegangen, sondern hatte sich nach dem Tod von Esters Eltern um das kleine Mädchen gekümmert. In einigen Jahren vielleicht, wenn Ester älter war, wollte er mit ihr nach Jerusalem gehen. Aber alles kam anders. Der König hatte einen heftigen Streit mit seiner Frau, weil sie einmal nicht das tat, was er wollte.

„Ich lasse mir die schönsten Mädchen der Welt herbeiholen", rief der König aufgebracht. „Ich suche mir eine neue Königin. Du kannst gehen!"

Viele Mädchen nahmen an dem Schönheitswettbewerb teil. Nur Ester war gar nicht glücklich, als die königlichen Beamten ihre besondere Schönheit entdeckten.

„Du mußt mit ihnen gehen", flüsterte der Onkel ihr bekümmert zu. „Sage niemandem, daß du Jüdin bist. Aber denk daran: Gott ist immer bei dir!"

Ester war so schön, daß der König sich sofort in sie verliebte. Ihr Hochzeitstag wurde im ganzen Land als Feiertag ausgerufen.

Eines Tages erfuhr Mordechai von einem bösen Plan. Zwei Männer wollten den König ermorden. Sofort berichtete Mordechai Ester von der Verschwörung, und sie warnte den König. Die beiden Verschwörer wurden gefaßt und endeten am Galgen. Der Vorfall wurde im königlichen Buch unter den Tagesmeldungen aufgeschrieben.

Wenige Tage später ernannte der König einen Mann namens Haman zu seinem obersten Ratgeber. Jeder im Palast sollte sich tief vor ihm verbeugen. Alle befolgten die Anordnung des Königs, nur Mordechai weigerte sich.

„Warum verneigt sich Mordechai nicht vor mir?" fragte Haman eines Tages beleidigt.

„Er ist Jude", antworteten seine Diener. „Die Juden beugen sich nur vor ihrem Gott."

„Das sollen sie büßen", grollte Haman, und ein böser Gedanke entstand in seinem Herzen. „Majestät", sagte Haman am nächsten Tag zum König. „Es gibt in deinem Reich ein Volk, das anders ist als alle anderen Völker: die Juden. Sie halten sich nicht an die königlichen Gesetze. Sie befolgen nur ihr eigenes Gesetz und machen Unruhe und Ärger. Am besten würden sie alle vernichtet."

„Tu, was du für richtig hältst", gähnte der König. Haman setzte sich hin und schrieb folgenden Befehl: „Am 13. Dezember dieses Jahres sollen alle Juden getötet werden."

Die Nachricht breitete sich aus wie ein Lauffeuer. Die Menschen, die den neuen Tempel in Jerusalem bauten, waren entsetzt.

Königin Ester, die von dem Befehl noch nichts gehört hatte, schaute besorgt aus dem Fenster. Warum sah ihr Onkel Mordechai so traurig aus?

„Geh und frag meinen Onkel, was los ist", bat sie ihren Diener. So erfuhr auch Ester die schreckliche Neuigkeit.

„Dein Onkel möchte, daß du den König um Hilfe bittest", fügte der Diener hinzu.

„Aber das geht nicht", rief Ester verzweifelt. „Ich darf nur dann zum König gehen, wenn er mich rufen läßt. Geh und sag das meinem Onkel."

Voller Unruhe wartete Ester, bis der Diener zurückkehrte. Er flüsterte ihr leise ins Ohr: „Dein Onkel sagt: Hast du vergessen, daß du Jüdin bist? Auch du mußt sterben. Aber vielleicht hat Gott dich zur Königin gemacht, damit du uns alle rettest."

Als Ester das hörte, zitterte sie vor Angst. Trotzdem antwortete sie dem Diener: „Sag meinem Onkel, ich werde zum König gehen. Aber alle Menschen meines Volkes sollen für mich beten."

Die mutige Königin

Ester ging langsam auf den Thronsaal zu. Ihr Herz klopfte laut. „Halt! Stehenbleiben!" Entschlossen versperrten die Wachen ihr den Weg. „Der König hat Euch nicht rufen lassen."

Ester wußte, in welcher Gefahr sie schwebte. Aber mutig ging sie auf den goldenen Thron zu. Erstaunt blickte

der König auf. Ester war so schön, daß er ihr nicht ernstlich böse sein konnte.

„Hat die Königin einen Wunsch?“ fragte er freundlich.

„Ich möchte dich und deinen Minister Haman heute zum Essen einladen“, antwortete Ester. „Werdet ihr kommen?“

„Ja, gern“, lächelte der König. Auch Haman freute sich über die Einladung. Gutgelaunt ritt er heim und wollte sich umziehen. Plötzlich wechselte seine gute Stimmung, denn er erinnerte sich an Mordechai. „Dieser Jude Mordechai verbeugt sich immer noch nicht vor mir!“ sagte er verärgert zu seiner Frau. „Morgen werde ich den König fragen, ob ich den Kerl nicht umgehend an den Galgen hängen kann.“

Spät am Abend verabschiedete sich der König von Ester. „Es war wunderbar“, sagte er. „Ich möchte dir für diesen schönen Abend etwas schenken.“

Das war die Gelegenheit, ihre Bitte dem König vorzutragen. Aber Ester war so aufgeregt, daß sie nur sagen konnte: „Bitte, kommt doch morgen wieder zu mir!“

Ob der König wohl zuviel gegessen hatte? Auf jeden Fall konnte er in der Nacht nicht schlafen.

„Lies mir etwas vor, bis ich eingeschlafen bin!“ befahl er einem seiner Diener. Der holte das dicke Buch mit den Tagesmeldungen, die schon länger zurücklagen. Nun hörte der König noch einmal die Geschichte von dem geplanten Mordanschlag und dem Mann namens Mordechai, der ihm das Leben gerettet hatte.

„Was hat der Mann eigentlich als Belohnung bekommen?“ fragte er den Diener.

„Nichts“, war die knappe Antwort.

„Das muß ich nachholen“, dachte der König und schlief ein.

Am nächsten Morgen eilte Haman in den Palast und wollte den König um Mordechais Tod bitten.

„Du kommst gerade recht“, rief ihm der König entgegen. „Sag mir, wie ich einen Mann ehren soll, der mir sehr geholfen hat.“

Haman war überzeugt, er selbst sei der Mann, den der König belohnen wollte.

„Das ist die Gelegenheit, Mordechai loszuwerden“, dachte er, und mit einem listigen Lächeln schlug er vor: „Majestät, ich würde den Mann auf Eurem besten Pferd durch die Stadt führen lassen. Und jeder, der sich nicht ehrfurchtsvoll vor ihm verbeugt, soll gehängt werden.“

„Das ist eine gute Idee“, sagte der König. „Hole Mordechai und führe ihn auf meinem besten Pferd durch die Stadt.“ Haman war entsetzt. Aber es half nichts. Er mußte den Befehl des Königs ausführen.

Am Abend waren der König und Haman wieder bei Ester zu Gast. Nach dem reichlichen Mahl beugte sich der König zu Ester und fragte: „Meine Königin, es gibt doch bestimmt einen Wunsch, den ich dir erfüllen kann.“

Ester atmete tief durch. Der Gedanke, daß die Menschen ihres Volkes für sie beteten, gab ihr Mut. „Mein König, ich bitte dich um mein Leben!“ brachte sie hervor. „Ein bösartiger Mensch schmiedet Pläne, um mich und mein ganzes Volk zu töten.“

„Wer ist der Mann?“ fragte der König voll Zorn.

„Dort sitzt er“, sagte Ester und wies auf Haman.

Am nächsten Tag wurde nicht Mordechai, sondern Haman an den Galgen gehängt. An seiner Stelle wurde Esters Onkel vom König zu seinem Berater ernannt.

Jerusalem wird aufgebaut

Schwarz und bedrohlich ragten die Ruinen von Jerusalem in den Nachthimmel. Ein kleiner Esel suchte sich mühsam einen Weg durch die Trümmer. Nehemia schauderte. Er ritt allein durch die Mondnacht und dachte an die wertvollen Schätze, die im Tempel lagen. Wie leicht konnten sich in der Dunkelheit Diebe anschleichen!

„Um diese Stadt gehören wieder feste Mauern. Wo jetzt Eulen und Fledermäuse hausen, sollen Straßen und Geschäfte sein. Dafür will ich sorgen!“

Nehemia war gerade aus Persien zurückgekehrt. Dort hatte er als Mundschenk des Königs gearbeitet. Eines Tages war sein Bruder aus Jerusalem gekommen und hatte schreckliche Nachrichten mitgebracht.

„Um den neuerbauten Tempel herum liegt die Stadt immer noch in Schutt und Asche. Wir trauen uns nicht weiterzubauen, denn wir haben Angst vor den Samaritern.“

Darum war Nehemia nach Jerusalem gekommen. Er wollte sehen, ob er helfen konnte. Am nächsten Morgen sagte er zu den verängstigten Einwohnern: „Laßt uns sofort mit der Arbeit beginnen.“

Doch kaum hatten sie mit dem Bau begonnen, da kamen auch schon die Anführer der Samariter, Sanballat und Tobija, herbei. Sie lachten laut, als sie sahen, daß die Juden ihre Stadt wiederaufbauen wollten. „Die paar Männer wollen eine große Stadt bauen!“ rief Sanballat belustigt.

„Wartet nur“, spottete Tobija. „Wenn ein Fuchs auf die Mauer springt, fällt sie um.“

Als die Mauer immer höher wuchs, verging den Samaritern das Lachen. „Das kann gefährlich werden“, murmelten sie. „Wir müssen ein Heer zusammenstellen und angreifen, bevor die Mauer fertig ist.“

„Was sollen wir tun?“ jammerten die erschrockenen Juden. „Die Samariter haben sich in den Bergen versteckt und spitzen ihre Pfeile.“

„Fürchtet euch nicht!“ rief Nehemia. „Denkt immer daran, wie mächtig Gott ist! Er wird uns helfen.“

Nehemia gab jedem Mann ein Schwert oder einen Speer. „Arbeitet weiter“, sagte er. „Aber haltet eure Waffe immer griffbereit. Und wenn ich in Posaune blasen lasse, dann kämpft um euer Leben.“

Alle halfen mit, sogar die Kinder. Nicht einmal nachts wagte jemand, seine Kleider auszuziehen. Und jeder hatte sein Schwert in Reichweite liegen.

Jetzt bekamen es die Samariter mit der Angst zu tun, und sie beschlossen, es mit einer List zu probieren.

Am nächsten Tag schlurfte ein alter Prophet nach Jerusalem.

„Gott hat mir eine Botschaft gegeben“, raunte er Nehemia zu. „Ihr seid in großer Gefahr! Lauft schnell in den Tempel und versteckt euch!“

Nehemia blickte dem alten Mann fest in die Augen und erwiderte: „Gott würde mir niemals raten, davonzulaufen. Sanballat und Tobija haben dir Geld gegeben, damit du mir Angst einjagen sollst, stimmt’s?“

Beschämt schlug der Alte die Augen nieder, weil Nehemia seine Lüge durchschaut hatte. Eilig machte er sich davon.

Nach zweiundfünfzig Tagen waren die Bauarbeiten beendet. Da feierten die Juden ein großes Fest. Alle Einwohner Jerusalems zogen oben auf der Mauer um die Stadt herum und sangen Gott Loblieder. Die Priester bliesen ihre Trompeten dazu, und die Kinder klatschten in die Hände. Alle waren glücklich, daß sie nun wieder in einer sicher befestigten Stadt wohnen konnten.

Eine Woche lang wird gefeiert

Nehemia blickte sich erschrocken um. Was mußte er da sehen? Gerade war er aus Persien zurückgekommen, wo er wieder eine Zeitlang für den König gearbeitet hatte.

„Heute ist doch Sabbat", überlegte er. „Trotzdem arbeiten die Leute und keltern ihren Wein. Auch die Läden sind geöffnet. Haben denn alle vergessen, daß Gott diesen Tag zu einem Ruhetag gemacht hat?"

Überall in der Stadt wurden Gottes Gebote übertreten. Außerdem waren die Menschen hart und grausam zueinander. Jeder dachte nur an sich.

„Wenn die Leute so weitermachen und sich nicht um Gott kümmern, wird es ein schlimmes Ende nehmen", sagte Nehemia zu seinem Freund Esra, einem gelehrten Mann, der sich in Gottes Gesetz bestens auskannte.

„Das Schlimme ist, daß die Menschen Gott gar nicht mehr kennen", antwortete Esra. „Während der Gefangenschaft in Babylon hat ihnen niemand mehr die Gesetzesbücher vorgelesen. Auch die Erzählungen der Väter von Gottes wunderbarer Befreiung unseres Volkes kennt kaum noch jemand. Man redet nicht mehr davon."

„Dann laß uns sofort wieder damit beginnen", schlug Nehemia vor.

Kurz darauf drängte sich das ganze Volk in Jerusalem. Ein Fest, das viele Jahre in Vergessenheit geraten war, sollte zum ersten Mal wieder gefeiert werden. Es erinnerte die Menschen an Gottes Hilfe während der langen Wüstenwanderung. Sieben Tage lang wohnten die Menschen in selbstgefertigten Laubhütten, die an die Zelte erinnern sollten, in denen die Israeliten damals gewohnt hatten. Deshalb nannte man dieses Fest das Laubhüttenfest.

Es wurde gesungen und getanzt. Auf dem Höhepunkt des Festes begann Esra, im Tempelhof die Bücher des Mose laut vorzulesen. Das Volk hörte gespannt zu.

Aber dann wurde den Menschen sehr unbehaglich zumute. „Wir haben nicht so gelebt, wie Gott es wollte“, sagten sie betroffen. „Was sollen wir jetzt tun?“

Esra rollte die Schriften zusammen. „Wir wollen gemeinsam zu Gott beten, ihm unsere Schuld bekennen und versprechen, in Zukunft nach seinen Geboten zu leben“, sagte er. Das ganze Volk betete. „Die Freude an Gott ist eure Stärke“, schloß Nehemia das Gebet. Nun konnten alle wieder fröhlich sein.

Dann redete der Prophet Maleachi: „Gott hat euch lieb“, rief er. „So wie die Sonne strahlendhell aufgeht und euch erwärmt, so will Gott die Fenster des Himmels öffnen und euch mit Gutem überschütten, wenn ihr euch an seine Ordnungen haltet. Stellt euch darauf ein: Gott wird zu euch kommen. Der Messias, den ihr erwartet, wird plötzlich da sein hier in diesem Tempel!“

Die Menschen im Volk Israel freuten sich auf diesen Tag, an dem Gott sein Versprechen erfüllen und den Messias schicken würde. Sie waren fest davon überzeugt, daß sie ihn sofort erkennen würden, wenn er kam. Ob sie recht behielten?

Lukas 1,26-38

Maria bekommt Besuch

Endlich war die Zeit gekommen, in der Gott sein Versprechen erfüllen wollte. Die Propheten hatten es schon viele hundert Jahre zuvor angekündigt: Gott wollte seinen Sohn auf die Erde schicken, um den Menschen zu zeigen, wie sehr er sie liebt.

Für diese große Aufgabe suchte Gott sich keinen reichen oder berühmten Menschen aus, sondern eine ganz gewöhnliche junge Frau. Sie hieß Maria und wohnte in Nazareth, einem kleinen Dorf. Maria wollte bald heiraten. Ihr Verlobter hieß Josef und war Zimmermann.

Eines Tages schickte Gott den Engel Gabriel zu Maria. Er sollte ihr eine Nachricht bringen. Maria blickte erschrokken hoch, als Gabriel zu ihr ins Zimmer trat.

„Wer bist du?“ fragte sie.

„Maria“, sagte Gabriel, „Gott liebt dich sehr. Du sollst die Mutter seines Sohnes sein. Bald wirst du ein Kind bekommen. Gib ihm den Namen Jesus. Er wird für immer König sein.“

Maria war verwirrt. Schon als kleines Mädchen hatte sie von diesem König gehört, den Gott eines Tages auf die Erde senden wollte. Aber was hatte das mit ihr zu tun?

„Wie soll ich ein Kind bekommen?“ stammelte sie. „Ich bin doch noch gar nicht verheiratet. Wer sollte denn der Vater des Kindes sein?“

„Gott selbst wird der Vater des Kindes sein“, antwortete der Engel.

Maria wußte überhaupt nicht, was sie denken sollte. So überraschend kam diese Nachricht! Wie hatten sie und Josef sich auf die Hochzeit gefreut. Und jetzt? Was würde Josef sagen, wenn er erfuhr, daß sie ein Kind erwartete? Würde er sie verlassen?

Gabriel wartete geduldig auf ihre Antwort. Da wurde Maria klar: Ich liebe Gott mehr als alles, sogar mehr als Josef. Sie senkte ihren Kopf und flüsterte: „Ich will Gott zur Verfügung stehen. Es soll so geschehen, wie du es gesagt hast.“

Gabriel sah, daß Maria sich noch Sorgen machte. „Hab keine Angst, Maria“, sagte er. „Gott wird bei dir sein. Geh jetzt und besuche deine Kusine Elisabeth und ihren Mann Zacharias. Auch sie erwartet ein Kind, obwohl sie schon alle Hoffnung darauf aufgegeben hatte. Du siehst, daß für Gott nichts unmöglich ist.“

Lukas 1,39-45; Matthäus 1,18-24

Josef hat Kummer

In Gedanken versunken wanderte Maria die staubige Straße entlang. Schon ganz früh morgens hatte sie sich auf den Weg zu Elisabeth gemacht. Ihre Kusine wohnte in einem Haus in den Bergen.

Als Maria das Haus ihrer Verwandten betrat, erkannte sie sogleich, daß der Engel die Wahrheit gesagt hatte: Elisabeth war schwanger.

„Solange wir verheiratet sind, haben wir uns ein Kind gewünscht", erzählte ihr Elisabeth. „Wir hatten die Hoffnung längst aufgegeben. Dann begegnete meinem Mann ein Engel und sagte: „Gott schenkt euch einen Sohn. Wenn er erwachsen ist, wird er das Volk Israel darauf vorbereiten, daß jetzt endlich der versprochene Retter, der Messias, kommt."

Maria war sprachlos. Aber Elisabeth redete schon weiter: „Es ist eine große Ehre für mich, daß du in mein Haus gekommen bist, Maria. Du wirst die Mutter des Messias sein."

Von diesem Augenblick an wußte Maria ganz sicher, daß sie sich nicht getäuscht hatte. Sie blieb einige Zeit bei Elisabeth und Zacharias, bis sie selbst merkte, daß das Kind in ihr heranwuchs.

Aufgeregt stieß Maria die Tür zur Zimmermannswerkstatt auf. Wie sehr hatte sie in den vergangenen Wochen Josef vermißt! Aber was würde er sagen, wenn sie ihm ihr Geheimnis anvertraute?

Maria hatte recht mit ihren Befürchtungen. Josef war ratlos und verzweifelt. Wie konnte Maria ihn so enttäuschen? Wenn ein unverheiratetes Mädchen ein Baby erwartete, sollte sie nach dem Gesetz mit dem Tode bestraft werden. Aber Josef liebte Maria sehr, und er konnte den Gedanken nicht ertragen, daß sie gesteinigt werden sollte.

„Was soll ich nur tun?" stöhnte er und warf sich auf sein Bett. „Vielleicht ist es das beste, wenn ich sie heimlich verlasse." Endlich schlief er ein.

Da redete Gott im Traum durch einen Engel zu Josef: „Fürchte dich nicht, Josef, und heirate Maria. Nennt das Kind Jesus, denn dieser Name bedeutet: Gott rettet. Dieses Kind wird die Menschen von ihren Sünden erretten."

Als Josef erwachte, war er sehr froh. Er tat was ihm der Engel gesagt hatte. Wenig später wurde in Nazareth Hochzeit gefeiert.

Die Reise nach Bethlehem

Eins – zwei – eins – zwei... Im Gleichschritt marschierten römische Soldaten durch Nazareth. Erschrokken blickte Josef aus dem Fenster seiner Werkstatt.

„Was hat das zu bedeuten?" fragte er sich. Wieder war ihr Land von Feinden besetzt. Diesmal von den Römern. Sie hatten die Bewohner nicht gefangen weggeführt, aber die Juden mußten tun, was die Besatzungsmacht verlangte. Vor allem mußten sie hohe Abgaben zahlen. Jedermann in Israel seufzte über die Römer. Täglich beteten die Juden: „Herr, schicke uns endlich den Messias, den du versprochen hast!"

„Der Kaiser in Rom hat einen Befehl erlassen!" rief der Offizier der Soldatentruppe. Sein blanker Helm glänzte in der Sonne. „Jeder soll in die Stadt gehen, in der er geboren ist. Wir wollen das Volk zählen."

„Damit wir noch mehr Geld bezahlen dürfen", knurrte Josef verärgert. Schnell ging er in die kleine Wohnung hinter seiner Werkstatt.

Maria hatte alle Hände voll zu tun. Sie freute sich sehr auf die Geburt ihres Kindes. Aber warum machte Josef so ein ärgerliches Gesicht?

„Maria, wir müssen nach Bethlehem reisen", sagte Josef bekümmert.

„Nach Bethlehem? Aber das ist doch eine so weite Reise!" rief Maria erschrocken. „Bald wird unser Kind geboren."

„Wir haben keine Wahl", antwortete Josef bitter. „Es ist ein Befehl des römischen Kaisers. Wir müssen gehorchen."

Bald darauf machten sich Maria und Josef auf den Weg. Weil sie so arm waren, gingen sie zu Fuß. Nur einen Esel nahmen sie mit. Für Maria war die Reise sehr beschwerlich. „Wie weit ist es noch bis Bethlehem?" seufzte sie. „Ich glaube, unser Kind wird sehr bald geboren."

„Wir sind bald am Ziel", versuchte Josef sie aufzumuntern. „Dort oben auf dem Berg, da liegt Bethlehem. Dann werden wir ein schönes, bequemes Bett für dich finden."

Es war kalt, und beide waren müde und hungrig. Mühsam suchte sich der kleine Esel seinen Weg den Berg hinauf. Plötzlich sagte Maria: „Daß wir nicht früher daran gedacht haben! In der Heiligen Schrift steht doch: Der Messias soll in Bethlehem geboren werden!"

„Ja", lächelte Josef in die Dunkelheit hinein. „Gott macht keinen Fehler."

In Bethlehem waren sämtliche Straßen, Häuser und Gasthöfe vollgestopft mit Menschen. Alle suchten einen Schlafplatz.

„Verschwindet! Ihr seht doch: Wir haben kein Zimmer frei!" wurden Maria und Josef immer wieder abgewiesen.

„Aber meine Frau ist schwanger", bat Josef verzweifelt, „sie muß sich hinlegen." Wieder wurde ihnen die Tür vor der Nase zugeschlagen. Die Gasthausbesitzer nahmen lieber reiche Leute auf. Um Maria und Josef kümmerte sich niemand. Schließlich bot ihnen jemand einen alten Viehstall als Unterkunft an.

Lukas 2,5-20

Nächtliche Besucher

Maria sah sich beim Schein einer flackernden Laterne um. „Besser in einem Stall als auf der Straße“, sagte sie und versuchte mühsam zu lächeln. Kurz darauf wurde ihr Kind geboren. Maria wickelte das Baby in Windeln, und Josef legte es in eine Futterkrippe mit Heu. Das war noch der beste Platz für ein neugeborenes Kind in diesem Stall.

„Eigentlich werden Prinzen ja in Königspalästen geboren“, sagte er. Versonnen blickte er auf das schlafende Kind. „Ich frage mich, warum Gott seinen Sohn in einem dunklen Stall zur Welt kommen läßt.“

Maria lächelte. „Das bleibt wahrscheinlich Gottes Geheimnis. Aber jedenfalls können arme, hungrige, unerwünschte Menschen daran erkennen, wie sehr Gott sie liebt, wenn er bereit ist, selbst ganz arm zur Welt zu kommen.“

Auf den Feldern rings um Bethlehem saßen in dieser Nacht Hirten beisammen, die ihre Schafherden bewachten. Sie hatten ein Lagerfeuer entzündet, denn die Nacht war kalt und dunkel. Doch plötzlich war da ein Licht am Himmel – so hell, daß die Männer regelrecht geblendet waren. Zutiefst erschrocken blickten sie um sich. Da hörten sie die Stimme eines Engels: „Habt keine Angst. Ich bringe euch eine gute Nachricht. Heute Nacht ist in Bethlehem ein König geboren worden. Ihr findet das Kind in einem Stall. Es liegt in einer Futterkrippe.“

Auf einmal waren die Hirten von unzähligen Engeln umgeben, die alle Gott lobten und sangen: „Ehre sei Gott im Himmel. Und Friede auf Erden allen Menschen, die ihn lieben!“ Dann waren die Engel wieder verschwunden, und alles war so still wie zuvor.

„Laßt uns nach Bethlehem gehen. Wir müssen sehen, was dort geschehen ist“, sagte einer der Hirten.

Sie machten sich auf den Weg in die Stadt und fanden schließlich auch den Stall mit Maria und Josef und dem Kind.

„Hier muß es sein!“ flüsterten sie. „Seht mal, da liegt ein neugeborenes Kind im Heu!“

Sie gingen in den Stall und knieten vor dem Kind nieder. Dann erzählten sie Maria und Josef, was der Engel zu ihnen gesagt hatte. Später kehrten die Hirten zu ihren Schafen zurück. Sie sangen unterwegs und dankten Gott für alles, was sie gesehen und gehört hatten. Niemals würden sie diese Nacht vergessen!

Ein böser Plan

Was soll das? In unserem Palast gibt es keine neugeborenen Königskinder!" sagte König Herodes unwirsch. „Sagt ihnen, sie sollen verschwinden!"

„Aber Majestät!" protestierten seine Diener. „Die Männer sind viele hundert Kilometer nach Jerusalem gereist, weil sie im Osten einen neuen Stern aufleuchten sahen. Wißt Ihr, was das bedeutet? Sie sagen: Euer neuer König ist geboren."

Herodes erschrak. Ein neuer König? Was hatte das zu bedeuten? Er selbst war doch der König, und er wollte es bleiben! Die heiligen Schriften fielen ihm ein, in denen die Geburt des Messias angekündigt war. Er ließ die Schriftgelehrten rufen.

„Sagt mir, wo soll der Messias geboren werden? Was sagen die Propheten?" fragte er sie.

„In Bethlehem, Majestät", antworteten die Schriftgelehrten.

„Na gut!" lächelte Herodes listig. „Ruft die Besucher herein."

Die weisen Männer aus dem Osten verbeugten sich tief vor Herodes. „Hört genau zu", sagte er zu ihnen. „Geht und sucht das Kind in Bethlehem. Und wenn ihr es gefunden habt, dann kommt wieder her und sagt es mir. Ich will es auch anbeten."

Es wurde schon dunkel, als die weisen Männer auf ihre Kamele stiegen und in Richtung Bethlehem ritten. Da entdeckten sie am Himmel wieder den hellen Stern, den sie in ihrem Heimatland beobachtet hatten. Und tatsächlich: Der Stern zog vor ihnen her und zeigte ihnen den Weg. Schließlich blieb er über einem Haus stehen. Und dort fanden die Männer das Kind mit seinen Eltern.

Maria und Josef waren sehr erstaunt, als die vornehm gekleideten Männer vor ihrer Tür standen.

„Wir kommen von weit her und wollen den neugeborenen König anbeten", sagten sie und knieten vor dem Kind nieder. Dann öffneten sie ihre Taschen und überreichten wertvolle Geschenke: Gold, Weihrauch und Myrrhe.

„Morgen reisen wir über Jerusalem zurück", sagten die Männer. „König Herodes will auch kommen und das Kind anbeten."

Aber Gott wußte längst, was Herodes im Schilde führte. In der kommenden Nacht warnte er die Männer im Traum: „Geht nicht bei König Herodes vorbei." Da kehrten sie auf einem anderen Weg in ihre Heimat zurück.

Als Herodes feststellte, daß die Weisen nicht wiederkamen, zitterte er vor Zorn. Er mußte unbedingt verhindern, daß ein neuer König heranwuchs, der ihm später einmal den Thron streitig machte. Da kam ihm ein grausamer Gedanke. Er rief seine Soldaten und befahl: „Geht nach Bethlehem und tötet alle Jungen unter zwei Jahren."

In dieser Nacht schlief Josef friedlich neben Maria. Doch plötzlich schreckte er hoch. „Schnell, Maria!" flüsterte er. „Wir müssen fliehen. Gott hat mir im Traum gesagt, daß unser Kind in großer Gefahr ist. König Herodes will es töten."

Noch bevor es hell wurde, machte sich die Familie auf den Weg. Viele Tage lang wanderten sie durch die Wüste, bis sie schließlich nach Ägypten kamen. Hier waren sie in Sicherheit. Erst als Herodes gestorben war, reisten Maria, Josef und Jesus wieder zurück nach Nazareth. Endlich waren sie wieder daheim in ihrer Zimmermannswerkstatt.

Lukas 2,39-51

Wo ist Jesus?

Das ganze Dorf Nazareth war auf den Beinen. Jedes Jahr im Frühling pilgerten alle frommen Juden zum Passafest nach Jerusalem. Dieses Fest sollte die Menschen daran erinnern, wie Gott sie aus der ägyptischen Sklaverei befreit hatte. Jesus war inzwischen zwölf Jahre alt geworden. Er freute sich, denn in diesem Jahr durfte er zum ersten Mal mit nach Jerusalem reisen. Während Maria und Josef mit ihren Verwandten und Freunden unterwegs waren, lief Jesus zusammen mit den Kindern aus Nazareth voraus.

Die sieben Festtage vergingen wie im Fluge, und viel zu schnell war der letzte Tag gekommen. Maria und Josef packten ihre Sachen für den Heimweg. In dem Gedränge merkten sie gar nicht, daß Jesus nicht bei ihnen war. „Er wird bei den anderen Kindern sein", dachten sie.

Aber Jesus war allein zurückgeblieben. „Hier gehöre ich hin, hier ist das Haus meines Vaters", dachte er und schlich noch einmal um den schönen Tempel herum. Er wäre sehr gern hiergeblieben. Der Abschied fiel ihm schwer.

Plötzlich hörte er Stimmen. In einem Innenhof wurde heftig diskutiert. Die berühmten Gesetzeslehrer stritten sich über Fragen der Heiligen Schrift. Mit klopfendem Herzen setzte sich Jesus in ihre Nähe und hörte zu. Niemand beachtete den Jungen. Doch dann hielt Jesus es nicht mehr aus. Er meldete sich zu Wort, gab eine Antwort und stellte selber Fragen.

Die Gesetzeslehrer staunten. „Was ist das für ein Junge?" fragten sie sich. „Er versteht das Gesetz besser als wir selbst."

Maria und Josef hatten sich inzwischen auf den Heimweg gemacht. „Jesus ist wohl schon mit seinen Freunden vorausgegangen", dachten sie. So kam es, daß sie erst am Abend feststellten, daß Jesus nirgends zu finden war.

„Hoffentlich ist ihm nichts zugestoßen!" Atemlos eilten die Eltern zurück nach Jerusalem. Sie hasteten durch die dunklen Straßen und über die lauten Plätze. Drei Tage lang suchten sie ihn verzweifelt. Aber niemand hatte Jesus gesehen.

Schließlich gingen sie in den Tempel. Sie trauten ihren Augen nicht, als sie ihren Sohn dort inmitten der Gesetzeslehrer entdeckten. Sie waren so ins Gespräch vertieft, daß sie Maria und Josef gar nicht bemerkten.

„Wie konntest du uns das antun?" rief Maria. „Wir haben uns solche Sorgen gemacht! Überall haben wir dich gesucht!"

„Ihr habt mich gesucht?" fragte Jesus erstaunt. „Konntet ihr euch nicht denken, daß ihr mich hier finden würdet, im Haus meines Vaters?"

Maria und Josef verstanden diese Antwort nicht. Sie gingen zurück nach Nazareth, und Jesus ging mit ihnen. Er blieb bei seinen Eltern, bis er erwachsen war.

Lukas 3,1-18; Johannes 1,19-23

Johannes predigt am Jordan

Was war da nur los am Jordan? Jeden Tag strömten am Fluß die Menschen zusammen, um einen ungewöhnlichen Mann zu hören. Er trug einen Umhang aus Kamelhaar so wie früher die Propheten.

„Endlich ist es soweit!“ rief er. „Der von Gott versprochene Retter ist da.“

„Ob er vielleicht selbst der Messias ist?" tuschelten die Menschen hinter vorgehaltener Hand. „Nein", antwortete der Mann. „Ich bin nur sein Vorbote. Der König, von dem ich rede, ist viel mächtiger als ich."

Der Mann, der mit seiner Rede so viele Menschen anzog, hieß Johannes. Es war der Sohn von Elisabeth und Zacharias. Lange Zeit hatte er in der Wüste gelebt, ganz allein, um auf eine Botschaft von Gott zu warten.

„Bereitet euch auf Gottes Königsherrschaft vor!" rief Johannes den Menschen zu, die sich um ihn scharten. „Bittet Gott

um Vergebung für alles Unrecht, das ihr getan habt."

Viele, die ihm zuhörten, wollten tatsächlich ihr Leben ändern. Diese Menschen taufte Johannes im Jordan. Deshalb nannte man ihn „Johannes den Täufer".

Eines Tages wanderte Jesus von Nazareth aus an den Jordan zu Johannes. Die beiden Männer waren sich noch nie begegnet. Aber als Jesus ihm gegenüberstand, wußte Johannes plötzlich: „Der ist es! Das ist der Messias, der Retter, den Gott versprochen hat."

„Willst du mich nicht auch taufen, Johannes?" fragte Jesus ihn.

„Ich soll dich taufen?" Johannes glaubte, nicht recht zu hören. „Du müßtest mich taufen!"

„Aber Gott möchte, daß ich mich von dir taufen lasse", verlangte Jesus. Und dann geschah etwas sehr Ungewöhnliches: Als Jesus nach der Taufe aus dem Wasser stieg, erklang eine Stimme vom Himmel her:

„Dies ist mein lieber Sohn. Ich habe ihn erwählt."

„Das ist euer Messias", rief Johannes, „der König, auf den ihr so lange gewartet habt!"

Matthäus 4,1-11; Markus 1,12-13; Lukas 4,1-13

Jesus in der Wüste

Nach seiner Taufe wollte Jesus mit Gott allein sein. Darum zog er sich für ein paar Wochen in die Wüste zurück. Vierzig Tage lang blieb er dort in der Einsamkeit und sprach mit seinem Vater über die neue Aufgabe, die vor ihm lag.

Er sollte den Menschen zeigen, wie sehr Gott die Menschen liebt, und sie an seine Ordnungen erinnern. Auch Gottes Macht sollte er ihnen zeigen, die so groß ist, daß sie die Menschen von Krankheit, Leid und Schuld befreien kann, ja sogar von Neid und Habgier, Hartherzigkeit und Selbstsucht. Er sollte die Menschen auffordern, ihr ganzes Leben Gott anzuvertrauen und sogar ihre Sorgen aufzugeben.

Aber Jesus wußte auch, daß er sich damit nicht beliebt machen würde. Die meisten Menschen haben es nicht gern, wenn man ihnen sagt, daß sie sich ändern sollen. Jesus wußte, daß die Menschen ihn eines Tages töten würden. Auch die Gesetzeslehrer würde er gegen sich haben. Ihnen sollte er sagen, daß sie Gottes Gebote verkehrt auslegten.

In diesen Tagen in der Wüste wollte Jesus ganz besonders gut darauf hören, was Gott von ihm wollte. Allerdings – ganz allein war er dort nicht. Satan, der immer auf Gelegenheit wartet, die Menschen von Gott wegzubringen, war ganz in seiner Nähe.

„Das ist meine Chance!“ dachte er. „Jesus ist einsam, hungrig und sehr traurig. Ich werde schon dafür sorgen, daß Gottes Pläne scheitern.“

„Wenn du wirklich Gottes Sohn bist“, sagte er scheinheilig zu Jesus, „dann mach doch aus diesen Steinen Brot. Warum willst du Hunger leiden?“

Nach dem langen Fasten in der Wüste war Jesus tatsächlich sehr hungrig. Aber er antwortete: „Ich will meine Macht nicht für mich selbst gebrauchen. Außerdem gibt es Wichtigeres im Leben als essen: Gottes Wort.“

Satan versuchte es noch einmal. „Niemand wird erkennen, daß du Gottes Sohn bist“, sagte er mit besorgter Stimme. „Du mußt es ihnen beweisen. Komm mit nach Jerusalem und spring dort von der höchsten Dachspitze des Tempels. Das wird die Leute beeindrucken. Gott hat doch versprochen, daß seine Engel dich beschützen werden.“

„Das stimmt“, sagte Jesus. „Aber Gott sagt auch, daß wir ihn nicht herausfordern sollen.“

Satan wurde ärgerlich. Aber er gab nicht so leicht auf. „Ich kann dich in diesem Augenblick zum König über die ganze Welt machen“, sagte er und bemühte sich, seiner Stimme einen freundlichen Ton zu geben. „Du brauchst nur vor mir niederknien und mich anbeten.“

„Verschwinde, Satan!“ rief Jesus laut. „Du weißt genau, daß nur Gott angebetet werden darf.“

Wütend machte sich Satan aus dem Staub. Es war ihm nicht gelungen, Jesus zum Ungehorsam zu verführen.

Als die vierzig Tage um waren, ging Jesus zurück nach Galiläa. Nun konnte er beginnen, den Auftrag auszuführen, den Gott ihm gegeben hatte.

Johannes 1,35-51; 2,1-12

Die beinahe mißlungene Hochzeitsfeier

Bald hatte Jesus einige junge Männer, seine Schüler, um sich gesammelt, so auch Petrus und Andreas. Beide waren Fischer und wohnten in Kapernaum, direkt am See Genezareth.

Eines Tages waren Jesus, seine Mutter und seine Jünger zu einer Hochzeit eingeladen. Das Brautpaar wohnte in Kana, einem kleinen Dorf in Galiläa. Als das Fest in vollem Gange war, entstand plötzlich Unruhe. Ein Diener flüsterte Maria etwas ins Ohr. Maria wurde blaß und lief in die Küche.

„Uns ist der Wein ausgegangen", riefen die Diener aufgeregt.

Maria bekam einen Schrecken. Sie wußte: Das Brautpaar und die Eltern wären damit in aller Öffentlichkeit blamiert. In allen umliegenden Dörfern würde man über sie lachen: „Die armen Leute konnten ja nicht einmal genug Wein besorgen!"

„Ich werde meinen Sohn um Rat fragen", antwortete Maria. „Und wenn er euch etwas sagt, dann tut es sofort."

Maria ging zurück in den Hochzeitssaal und nahm Jesus beiseite. „Du mußt ihnen helfen", flüsterte sie ihm ins Ohr. „Der Wein ist ausgegangen."

Wenig später kam Jesus heraus. Er zeigte auf die sechs großen Steinkrüge in der Ecke und sagte: „Geht zum Brunnen und füllt die Krüge bis oben hin mit Wasser."

Verwundert blickten sich die Diener an, aber sie taten, was Jesus gesagt hatte. Mit klopfendem Herzen servierten sie dem Speisemeister einen Becher voll.

„Ah, was für ein edler Tropfen", rief der Speisemeister erstaunt. „Das ist der beste Wein, den ich seit langem getrunken habe."

Er ließ den Bräutigam holen. „Eigentlich serviert jeder zuerst den besten Wein und erst später den weniger guten. Du hast es genau umgekehrt gemacht."

Dies war das erste der vielen Zeichen, die Jesus tat, um die Menschen auf Gottes Macht aufmerksam zu machen.

Johannes 2,13-22; Matthäus 21,12-17

Lärm im Tempel

Ärgerlich blickte Jesus sich um. Was für ein Lärm! Das war ja kaum auszuhalten. Überall im Tempelhof wimmelte es von Menschen. Es ging zu wie auf einem großen Marktplatz: Händler boten Schafe und Ochsen zum Verkauf an. Unzählige Tauben flatterten in ihren Käfigen. Die Tempelbesucher konnten diese Tiere kaufen und Gott zum Opfer bringen. Überall standen auch Geldwechsler an ihren Tischen, um die Münzen der ausländischen Besucher einzutauschen. Diese Tätigkeit war ihnen von den Priestern genehmigt worden, denn das Geld kam ja dem Tempel zugute.

Auf einmal hörte man in dem üblichen Lärm eine schneidende Stimme: „Das Haus meines Vaters ist zum Beten gedacht", rief Jesus zornig. „Aber ihr habt eine Räuberhöhle daraus gemacht!"

Jesus knotete ein paar Stricke zu einer Peitsche zusammen und stellte sich drohend mitten in das Marktgetümmel.

„Verschwindet aus diesem Haus meines Vaters!“ schimpfte er und trieb die Händler auseinander. Dann stieß er die Tische der Geldwechsler um, so daß die Münzen auf dem Boden in alle Richtungen davonrollten. Ein riesiges Durcheinander entstand. Wütende Händler und gierige Diebe krabbelten gemeinsam auf den Steinplatten hin und her und griffen nach den Münzen.

Die Hohenpriester, die den Vorfall mitangesehen hatten, waren sehr ärgerlich. „Woher hat dieser Mensch das Recht, so etwas zu tun?“ fragten sie erbost. „Er verletzt die Ordnungen des Tempels. Das wird er eines Tages büßen müssen!“ An diesem Tag trauten sie sich nicht, Jesus zu verhaften, weil er ständig von vielen Menschen umgeben war. Aber von da an beobachteten sie ihn genau und versuchten immer wieder, ihm bei Streitgesprächen eine Falle zu stellen. Sie wollten gern nachweisen, daß Jesus das Gesetz Gottes mißachtete.

Jesus stand in Gedanken versunken im Tempelhof. Die Händler und Geldwechsler waren verschwunden. Aber hinter den Marmorpfeilern am Rande des Platzes drängten sich die Menschen: einfache Leute aus dem Volk, Kranke, Schwache und Alte. Jesus ging zu ihnen hinüber, sprach freundlich mit ihnen und machte den Traurigen Mut. Verwundert sahen seine Freunde, wie Lahme plötzlich ihre Krücken wegwarfen und tanzten. Blinde erblickten zum ersten Mal den Tempel.

„Er ist wirklich Gottes Sohn!“ murmelte Johannes, ein Freund von Petrus. „Diesen Tag werde ich nie mehr vergessen.“

Johannes 1,11; Lukas 4,16-31; Matthäus 4,13

Große Gefahr!

An einem Sabbatmorgen saßen die Einwohner Nazareths dicht gedrängt in ihrer Synagoge, wo man sich zum Gottesdienst versammelte. Da kam Jesus herein und setzte sich zwischen die Menschen.

Im jüdischen Gottesdienst war jeder erwachsene Mann berechtigt, einen Abschnitt aus den heiligen Schriften vorzulesen und zu erklären. Als der Augenblick für die Lesung gekommen war, stand Jesus auf.

„Ich möchte etwas aus dem Buch Jesaja vorlesen", sagte er. Alle hörten gespannt zu. Sie staunten, als Jesus begann, den Abschnitt zu erklären.

„Wo hat er das nur gelernt?" fragten sich die Menschen. „Er ist Zimmermann und kennt doch die heiligen Schriften ganz genau."

Alle spitzten die Ohren. Aber allmählich verschwand das Lächeln auf ihren Gesichtern. Ärgerlich zogen einige die Brauen zusammen.

Jesus las Worte über den Messias, den Sohn Gottes, die Jesaja vor vielen hundert Jahren geschrieben hatte: „Der Messias wird kommen und Gefangene frei machen, Blinde werden sehen und die Traurigen werden wieder lachen", hieß es dort.

„Diese Worte sind vor euren Augen in Erfüllung gegangen", sagte Jesus. „Achtet darauf: Blinde sehen, Traurige werden froh, und Menschen, die in Schuld und Irrtum gefangen sind, werden frei."

Lähmendes Schweigen breitete sich in der Synagoge aus. Dann begannen die Menschen zu murmeln: „Den kennen wir doch, seit er klein war! Wir kennen auch noch seinen Vater, den Josef. Und der will Gottes Sohn sein? Er lügt! Er lästert Gott!"

Das ärgerliche Gemurmel wurde immer lauter, die Leute waren zornig. Sie sprangen auf und drängten Jesus ins Freie.

„Stürzt ihn die Felswand hinunter!" brüllte einer. Dann trieben sie Jesus vor sich her, bis sie direkt vor dem Abgrund standen. Aber die Stunde, in der Jesus sterben sollte, war noch nicht gekommen. Oben, an der äußersten Felskante, drehte Jesus sich um

und schaute seinen Nachbarn und Verwandten ins Gesicht.

Einer nach dem anderen ließ die Arme sinken. Sie machten Jesus Platz, und langsam ging er durch die Menge hindurch.

Später wohnte Jesus in dem Fischerdorf Kapernaum direkt am See Genezareth.

Lukas 4,38-44

Jesus macht Kranke gesund

In dem kleinen Ort Kapernaum lebte auch die Familie von Petrus. Eines Tages kam Jesus zu Besuch. Aber es war nicht wie immer. Die Schwiegermutter von Petrus lag krank in ihrem Bett. Sie hatte hohes Fieber und merkte nicht einmal, daß Jesus ins Zimmer trat. Petrus und seine Frau wechselten besorgte Blicke.

Jesus kniete sich neben der Kranken nieder und nahm ihre Hände in die seinen. Er betete zu seinem Vater und befahl dann dem Fieber zu verschwinden. Mit einem Mal richtete sich die alte Frau auf und blickte erstaunt um sich. „Mir geht es besser“, sagte sie fröhlich. „Das Fieber ist verschwunden. Laßt mich aufstehen, ich will uns etwas Gutes kochen. Sicher seid ihr alle hungrig.“

Das war eine Mahlzeit! Als es bereits dämmerte, saßen sie immer noch zusammen. Plötzlich hörte man von draußen Stimmen. Die alte Frau eilte ans Fenster.

„Die Straße ist voller Menschen!“ rief sie. „Ganz Kapernaum ist auf den Beinen!“

„Und sie haben alle Kranken mitgebracht!" fügte ihre Tochter aufgeregt hinzu.

Jesus ging vor die Tür. Aus allen Richtungen drangen Stimmen: „Bitte, mach mein Kind gesund!" „Heile das Bein von meinem Mann, damit er wieder arbeiten kann!" „Kannst du auch unsrem Großvater helfen? Er ist blind."

Und Jesus heilte die Kranken. Aber am nächsten Morgen verließ er in aller Frühe Kapernaum. Er wollte in einer abgelegenen Gegend Ruhe finden. Die Einwohner von Kapernaum liefen hinter ihm her. Sie hielten ihn fest und wollten ihn nicht gehen lassen.

„Ich muß auch in die anderen Städte gehen", erklärte ihnen Jesus. „Überall will ich den Menschen erzählen, wie sehr Gott sie lieb hat."

Der große Fischfang

Petrus war ärgerlich. Die ganze Nacht war er zusammen mit seinem Bruder Andreas draußen auf dem See gewesen. Aber nicht einen einzigen Fisch hatten sie gefangen. Enttäuscht ruderten sie am frühen Morgen zurück an Land.

„Was ist denn dort drüben am Ufer los?“ fragte Andreas. „Was wollen die vielen Leute da?“

„Jesus ist zurückgekommen!“ riefen zwei andere Fischer, Jakobus und Johannes, erfreut. Hunderte von Menschen umringten Jesus und wollten hören, was er erzählte.

„Die können doch gar nichts verstehen bei dem Gewühle", brummte Petrus. Er war müde, schließlich hatte er die ganze Nacht hart gearbeitet. Plötzlich hörte er, wie Jesus ihn rief.

„Petrus, rudere mich in deinem Boot ein Stück auf den See hinaus."

Jesus stellte sich in das Boot und redete vom Wasser aus zu den Menschen. So konnte er von jedem gesehen und verstanden werden. Manchmal lachten die Leute laut über seine lustigen Geschichten. Dann wieder schwiegen sie betroffen.

„Danke, Petrus", sagte Jesus endlich und lächelte ihn fröhlich an. „Und jetzt gehen wir fischen."

„Was? Jetzt um die Mittagszeit?" Petrus lachte auf. Der Mann hatte keine Ahnung vom Handwerk. Denn daß man Fische nur nachts fangen kann, das wußte hier am See jedes Kind.

„Komm!" drängte Jesus.

„Wenn die Sonne scheint, kann man keine Fische fangen", sagte Petrus. „Und überhaupt, in der letzten Zeit haben wir sogar nachts nichts gefangen."

Aber Jesus bestand darauf: „Wirf dein Netz aus!" Und dann geschah etwas Unglaubliches. Die Netze, die sie ausgeworfen hatten, wurden schwerer und schwerer und ließen sich kaum noch hochziehen.

„Kommt her und helft uns!" rief Petrus laut übers Wasser und winkte Jakobus und Johannes zu.

Fast wären den vier Fischern noch die Netze gerissen, aber dann waren beide Boote bis oben hin voll von silberglänzenden Fischen. Tief lagen die Schiffe im Wasser.

Doch Petrus fiel vor Jesus nieder. „Laß mich. Geh fort. Ich bin ein sündiger Mensch."

„Eben deshalb bin ich gekommen", sagte Jesus. „Ihr sollt wissen, daß Gott euch gern vergibt." Jetzt blickte Jesus auch Andreas, Jakobus und Johannes an. „Kommt mit mir!"

„Aber wir sind nur einfache Fischer", entgegneten die Männer überrascht.

„Ich will euch zu Menschenfischern machen", antwortete Jesus.

Schließlich waren es zwölf Männer, die ihre Berufe aufgaben und Jesus nachfolgten. Er war jetzt ihr Lehrer, und sie waren seine Schüler, seine Jünger. Sie wanderten gemeinsam von Ort zu Ort.

Lukas 5,17-28; Matthäus 9,9-12

Ein Loch im Dach

In Kapernaum lebte ein Mann, der seit langer Zeit gelähmt war. Eines Tages hörte er, daß Jesus wieder in der Stadt war. „Das ist meine Chance“, dachte er voller Hoffnung. „Vielleicht kann er auch mir helfen.“

Er bat seine Freunde um Hilfe, denn allein konnte er ja nicht zu Jesus gelangen. Sie brachten ihn auf einer Trage zu dem Haus, in dem Jesus predigte. Aber welche Enttäuschung! Vor dem Haus herrschte ein solches Gedränge, daß niemand mehr hineinkonnte. Die vier Männer mit der Trage blickten sich um. Was sollten sie tun? Umkehren?

Unter den Zuhörern im Haus waren auch einige Pharisäer. Das waren gelehrte Männer, die Gottes Gebote ganz besonders genau befolgten. Sie waren sehr stolz auf ihre Frömmigkeit, aber sie urteilten oft unbarmherzig über ihre Mitmenschen. Diese Pharisäer hatten inzwischen so viel über Jesus gehört, daß sie sich nun selbst überzeugen wollten, was der Mann eigentlich zu sagen hatte.

Jesus schien diese Männer gar nicht zu bemerken. Er sprach zu den Menschen, die kilometerweit gelaufen waren, um ihn zu hören. Es waren auch einige Leute darunter, die einen schlechten Ruf hatten und von den anderen verachtet wurden. „Von den Menschen seid ihr nicht gern gesehen“, sagte er zu ihnen. „Aber ich bin gekommen, um euch zu sagen, daß Gott euch in seiner Nähe haben will. Ihr seid wichtig für Gott. Er will sich um euch kümmern.“

„Warum vertut er seine Zeit mit diesen Bettlern anstatt ein sinnvolles Gespräch mit uns zu führen!“ raunten die Pharisäer einander zu.

Plötzlich wurden die Zuhörer durch ein seltsames Geräusch auf dem Dach abgelenkt. Staub rieselte von der Decke. Ein großes Loch tat sich über ihren Köpfen auf, und eine Trage, die an vier Seilen befestigt war, wurde von oben heruntergelassen. Auf dieser Trage lag der gelähmte Mann. Er landete genau vor den Füßen Jesu. Seine Freunde waren über die Außentreppe auf das Dach des Hauses geklettert und hatten ein Stück des flachen Daches abgedeckt.

Jesus sah hinauf zu den vier Männern und freute sich, daß sie so viel Vertrauen zu ihm hatten, daß sie ihren Freund um jeden Preis zu ihm bringen wollten. Dann wandte er sich an den Gelähmten: „Deine Sünden sind dir vergeben“, sagte er zu ihm.

Entsetzt sprangen die Pharisäer auf. „Wie kannst du so etwas sagen? Nur Gott kann Sünden vergeben!“

„Was ist leichter“, antwortete Jesus ihnen, „zu sagen: ‚Dir sind deine Sünden vergeben‘, oder einen Kranken zu heilen? Durch die Kraft Gottes kann ich beides tun.“ Er schaute den Gelähmten an und sagte: „Steh auf, nimm dein Bett und geh nach Hause!“

Der Mann richtete sich auf, stellte sich auf seine Beine und wagte vorsichtig ein paar Schritte. Tatsächlich, er konnte gehen. Alle freuten sich mit ihm, daß er gesund geworden war. Alle – bis auf die Pharisäer. „Dieser Jesus muß verschwinden!“ sagten sie verächtlich und suchten nach einer Gelegenheit, um ihn verurteilen zu können.

Lukas 8,40-55

Jesus kommt nicht zu spät

Jairus saß am Bett seiner Tochter und hielt ihre heiße, feuchte Hand. Seit Tagen schon hatte sie hohes Fieber, und mit ihrer Krankheit wurde es immer schlimmer.

„Wenn doch nur Jesus noch in Kapernaum wäre“, dachte Jairus verzweifelt. „Er könnte helfen. Aber seit Wochen ist er nicht mehr in der Stadt gewesen. Und jetzt liegt meine Tochter im Sterben.“

Draußen auf der Straße hörte man plötzlich aufgeregte Stimmen und eilige Schritte. „Jesus ist wieder da!“ rief jemand. „Er ist bei Petrus unten am See!“

Jairus sprang auf und eilte aus dem Haus. Er durfte keine Zeit verlieren! Alle schienen in dieselbe Richtung zu laufen, ständig war ihm jemand im Weg. Oder war alles nur ein böser Traum?

Atemlos erreichte Jairus endlich das Ufer. Da stand Jesus, umgeben von seinen Jüngern und vielen anderen Menschen. Jairus warf sich vor Jesus auf die Erde.

„Ein Jude verbeugt sich nur vor Gott“, schimpften einige Leute. „Das muß er doch wissen, schließlich ist er Synagogenvorsteher.“

„Meine Tochter liegt im Sterben“, sagte Jairus, „du kannst ihr helfen.“

„Ich komme“, antwortete Jesus.

„Wir müssen uns beeilen!“ drängte Jairus.

Die engen Straßen waren voller Menschen. Alle warteten auf Jesus. Er konnte kaum einen Schritt tun, so dicht kamen die Menschen an ihn heran.

Unterwegs trat ihnen eine Frau in den Weg, die seit zwölf Jahren krank war. Jesus

blieb stehen, redete mit ihr und heilte sie. Das war zuviel für Jairus. „Wenn wir uns nicht beeilen, kommen wir zu spät!" rief er voller Angst.

Als sie sich dem Haus von Jairus näherten, hörten sie schon von weitem ein lautes Wehklagen. Die Nachbarn weinten und spielten Trauermelodien auf ihren Flöten. Jairus ahnte, was das bedeutete.

„Deine Tochter ist gestorben", flüsterte ein Diener ihm zu.

„Sie schläft nur, Jairus, und ich werde sie aufwecken", sagte Jesus.

Er ging geradewegs in das Zimmer, wo das Mädchen lag, und schloß die Tür hinter sich. Nur Petrus, Jakobus, Johannes und die Eltern des Mädchens durften dabeibleiben.

Dann griff er nach der Hand des Kindes. „Steh auf!" sagte er nur.

Sofort schlug das Mädchen die Augen auf und begann wieder zu atmen. Seine weißen Wangen färbten sich rosig.

„Gebt ihr etwas zu essen!" sagte Jesus.

Die Eltern konnten es vor Glück kaum fassen, daß ihre Tochter lebte und wieder gesund war. Leise verließen Jesus und seine Jünger das Haus.

Markus 10,13-16.35-44

Jesus und die Kinder

Wenn Jesus erst einmal zum König gekrönt ist, wird er mich bestimmt zu seinem ersten Minister machen", prahlte Jakobus. Stundenlang waren er und die anderen Jünger nun schon unterwegs auf der heißen, staubigen Landstraße. Da träumten sie gern von besseren Zeiten.

„Von wegen", protestierte Petrus. „Ich wäre ja wohl vor dir an der Reihe, einen solchen Posten zu bekommen."

„Aber du bist doch nur ein ungebildeter Fischer", wandte Matthäus ein. „Wenn es um die Ämter am Königshof geht, dann bin ich der Richtige für Jesus. Er wird schließlich einen klugen Mann brauchen."

Der Streit wurde immer heftiger. Auf einmal drehte Petrus sich nach Jesus um. „Seht mal! Der Rabbi ist müde und kann kaum noch laufen", meinte er besorgt. „Jeden Tag von morgens bis abends die vielen Menschen um ihn herum! Oft findet er nicht einmal Zeit zum Schlafen oder Essen. Er muß sich wieder einmal richtig ausruhen."

Unten aus dem Tal kam eine Schar Kinder angesprungen. Schon lange warteten sie darauf, daß Jesus in ihre Stadt kommen würde. Im Nu war Jesus, der gerade mit seinen Jüngern an einem Dorfbrunnen Rast machte, von einer großen Menschenmenge umlagert.

Da stellte sich ihnen ein breiter, kräftiger Mann in den Weg. „Verschwindet!" rief Petrus. „Jesus ist müde. Das fehlte gerade noch, daß ihn jetzt auch noch die Kinder belästigen!"

„Aber wir haben doch so lange auf ihn gewartet", protestierten die Mütter. „Jesus kommt vielleicht nie wieder hier vorbei." Das fröhliche Lachen verschwand aus den Gesichtern der Kinder.

„Geht weg!" fuhr Petrus sie an. „Oder soll ich euch Beine machen?"

Traurig kehrten die Kinder um. Das hätten sie sich gleich denken können, daß der berühmte Rabbi nicht von kleinen Kindern gestört werden will.

„Wie konntet ihr sie nur fortschicken?“ sagte Jesus vorwurfsvoll zu seinen Jüngern. „Laßt die Kinder zu mir kommen!“

Die Kinder wollten es erst gar nicht glauben: Jesus streckte seine Arme nach ihnen aus. „Für Kinder habe ich immer Zeit“, lachte er.

Jesus schaute seine Jünger über die Köpfe der Kinder hinweg an und sagte: „Übrigens, das wollte ich euch noch sagen: Nehmt euch ein Beispiel an diesen Kindern. Sie streiten sich nicht um Machtposten. Sie sind glücklich, daß sie in meiner Nähe sind. Wer sich für etwas Besonderes hält, kann nicht zu meinem Königreich gehören.“

Ein Tag am See

Eines Tages erhielt Jesus eine schreckliche Nachricht: Johannes der Täufer war von König Herodes ermordet worden!

Monatelang schon hatte Johannes gefangen in einem dunklen Verlies gesessen, weil er dem König und der Königin gesagt hatte, daß Gott nicht damit einverstanden war, wie sie lebten. Jetzt hatte man ihn hingerichtet. Jesus war sehr traurig und wollte gern eine Zeitlang allein sein.

„Wir haben alle etwas Ruhe nötig", sagte er zu seinen Jüngern. „Auch ihr seht müde aus. Laßt uns ans andere Seeufer rudern und einen ruhigen Tag verbringen."

Das Boot glitt leise über das Wasser. Endlich waren sie allein, alle atmeten erleichtert auf. „Endlich einmal kein

Menschengedränge", lachte Petrus, als das Boot auf dem Sandstrand auflief. Doch kaum hatten sie sich auf dem Gras niedergelassen, da sahen sie die vielen Menschen kommen.

Einige Leute hatten wohl beobachtet, wie Jesus mit dem Boot fortgefahren war. Schnell hatte es sich herumgesprochen, und Tausende machten sich auf den Weg, um ihn einzuholen. Die Jünger rauften sich die Haare. Sie hatten sich so auf den freien Tag gefreut. Konnte Jesus die Leute nicht einfach fortschicken?

Jesus wußte, wie traurig und belastet die Menschen waren, die ihm da entgegenliefen. Nein, zurückschicken konnte er sie nicht. Schon war er wieder ins Gespräch vertieft, er heilte die Kranken und machte allen Mut.

Als die Sonne abends schon tief am Himmel stand, wurden die Jünger ungeduldig. „Meister, du mußt jetzt etwas tun!" sagten sie ärgerlich. „Schick die Leute nach Hause."

„Sie haben doch Hunger", sagte Jesus. „Die meisten von ihnen haben nichts zu essen dabei. Geschäfte gibt es hier keine, und die Kinder sind müde. Wir müssen ihnen etwas zu essen geben, bevor sie nach Hause gehen können."

„Für zweihundert Silberstücke bekommst du nicht genug, um sie alle sattzumachen", protestierte Philippus, der genau wußte, wieviel in der Kasse war.

„Aber sieh mal, Herr, hier kommt ein kleiner Junge, der hat einen Korb mit fünf Broten und zwei Fischen."

Jesus beugte sich zu dem Jungen und nahm den Korb hoch. „Ich danke dir!" sagte er freundlich.

„Setzt euch ins Gras!" rief Jesus. Dann sprach er ein Dankgebet, öffnete den Korb und ließ den Fisch und das Brot austeilen.

„Eins, zwei, drei......zehn, elf....zwanzig, dreißig!" Wie war das möglich? Jeder einzelne in der großen Menge wurde satt. Und es waren doch etwa fünftausend Menschen!

Die Sterne standen schon am Himmel, als der kleine Junge zusammen mit den anderen Menschen nach Hause ging. Eins wußte er jetzt: Jesus konnte mit allen schwierigen Situationen fertigwerden.

Matthäus 14,22-32; Johannes 6,16-69

Im Sturm

Riesige Wellen warfen das kleine Boot mitten auf dem See hin und her. Wind und Regen schlugen den Jüngern ins Gesicht. Würden sie das Boot halten können?

„Ich hab's ja kommen sehen!“ rief Petrus. Seine Stimme wurde vom Donner verschlungen. Am Ufer noch hatte er sie gewarnt. Aber Jesus hatte sie fortgeschickt.

„Rudert ihr nach Kapernaum zurück“, hatte er gesagt. „Ich gehe noch in die Berge und komme dann nach.“ Jesus wollte eine Weile allein sein und mit seinem Vater reden.

Nach der Speisung der vielen Menschen am Strand hätte es fast einen Volksaufstand gegeben. In ihrer Begeisterung wollten die Leute Jesus zum König machen.

„Er soll unser König sein, dann haben wir immer genug zu essen! Und er soll die Römer aus dem Land vertreiben. Laßt uns gleich nach Jerusalem marschieren!“ So hatten sie gerufen.

Aber Jesus wollte kein irdischer König sein und in einem Palast wohnen. Darum war er so schnell verschwunden.

Die Jünger bekamen Angst. Als Fischer waren sie Stürme gewöhnt. Aber diesmal war es besonders schlimm. Wenn doch nur Jesus bei ihnen im Boot wäre!

„Was in aller Welt ist das?“ Andreas zeigte erschrocken auf einen Umriß, der hin und wieder vom Blitz erhellt wurde. Über den schäumenden Wellen kam eine Gestalt auf sie zu.

„Hilfe“, schrien die Jünger, „ein Gespenst!“ Sie duckten sich tief ins Boot. Nur Petrus blieb stehen und starrte in den Sturm.

„Habt keine Angst, ich bin's!“ Durch den heulenden Wind drang die vertraute Stimme von Jesus.

„Herr“, rief Petrus, „wenn du es wirklich bist, dann laß mich zu dir kommen.“

„Komm her!“ antwortete Jesus.

Petrus überlegte nicht lange, sondern sprang aus dem Boot und lief über die Wellen auf Jesus zu. Aber im nächsten Moment merkte er, was er da tat! „Menschen können doch gar nicht auf dem Wasser laufen“, dachte er. Und dann sah er nicht mehr auf Jesus, sondern nur noch auf die riesengroßen Wellen. Da begann er zu sinken.

„Hilf mir!“ schrie er. „Ich ertrinke!“

Doch schon war Jesus neben ihm und ergriff seine Hand. „Warum hast du mir nicht mehr vertraut?“ fragte Jesus freundlich. Bald waren sie wohlbehalten im Boot, und sofort legte sich der Sturm.

Die Jünger waren froh, als sie endlich wieder festen Boden unter den Füßen hatten. Doch kaum waren sie in Kapernaum an Land gegangen, da waren sie schon wieder von Menschen umringt. „Gib uns allen zu essen!“ verlangten sie.

Aber dann merkten die Leute, daß sie nicht über Jesus bestimmen konnten. Er verschaffte ihnen nicht auf Wunsch ein einfaches, bequemes Leben; er hatte einen anderen Auftrag. Da schlug bei vielen die Begeisterung in Enttäuschung um, bei manchen sogar in Haß.

„Wir gehen wieder nach Hause“, sagten sie. „Mit Jesus können wir nichts anfangen. Wir wollen ihn nicht mehr hören.“

Jesus schaute ihnen nach. Dann sah er seine Jünger an. „Wollt ihr mich auch verlassen?“ fragte er.

„Wohin sollen wir denn gehen?“ antwortete Petrus. „Du bist doch der einzige, der uns den Weg zu Gott zeigen kann.“

Der Ausreißer

„Seht euch doch an, mit welchem Gesindel er sich abgibt! Er ißt sogar mit ihnen. Wenn er wirklich Gottes Sohn wäre, würde er wissen, wen er da vor sich hat." Angewidert blickten die Pharisäer zu Jesus hinüber. Jesus war oft zusammen mit solchen Menschen, um die ein frommer Israelit einen weiten Bogen machte.

„Gerade zu diesen Menschen hat mich Gott gesandt", sagte Jesus. Und dann erzählte er die folgende Geschichte:

Ein Bauer hatte zwei Söhne. Der ältere Sohn war fleißig und arbeitete auf dem Feld. Der jüngere war jedoch unzufrieden. „Ich möchte viel lieber in der Stadt wohnen", dachte er. „Dann kann ich tun, was mir gefällt."

Er ging zu seinem Vater. „Gib mir schon heute das Geld, das mir als Erbe zusteht", bat er ihn. Der Vater war über diesen Wunsch sehr traurig, aber er willigte ein. Da verließ der Sohn sein Elternhaus und zog in die Stadt. Dort führte er ein ausschweifendes Leben und hatte bald viele Freunde.

Dann kam der Tag, an dem er feststellen mußte: Sein ganzes Geld war ausgegeben!

„Ach, das ist nicht so schlimm", dachte er. „Ich habe ja Freunde, die werden mir schon helfen." Aber die Freunde dachten gar nicht daran, ihm zu helfen. Jetzt, wo

er arm war, ließ sich keiner von ihnen mehr blicken. Weil er in der Stadt keine Arbeit fand, ging er aufs Land.

„Du kannst meine Schweine hüten", sagte ein Mann zu ihm. Der Bauer war jedoch so geizig, daß er dem jungen Mann nicht einmal erlaubte, im Schweinetrog nach etwas Eßbarem zu suchen.

„Warum nur habe ich mein Elternhaus verlassen?" dachte der junge Mann verzweifelt. „Mein Vater hat seine Knechte noch nie schlecht behandelt. Sie haben immer satt zu essen und warme Sachen zum Anziehen."

Plötzlich sprang er auf. „Ich hab's! Ich gehe nach Hause und sage meinem Vater, wie leid es mir tut, daß ich weggegangen bin. Vielleicht läßt er mich ja bei sich als Knecht arbeiten."

Als der Sohn noch weit von zu Hause entfernt war, sah sein Vater ihn schon kommen. Seit sein Sohn weggegangen war, hatte er Ausschau gehalten, ob er nicht vielleicht zurückkommen würde. Mit weit ausgebreiteten Armen lief der Vater ihm entgegen und schloß seinen zerlumpten Sohn in die Arme.

„Gut, daß du wieder da bist", rief er freudestrahlend. „Jetzt bekommst du erst einmal frische Kleider, und heute Abend feiern wir ein großes Fest."

Die Menschen, denen Jesus diese Geschichte erzählte, verstanden sofort, was er ihnen sagen wollte: Gott freut sich wie der Vater in der Geschichte, wenn ein Mensch, der von ihm weggelaufen ist, zu ihm zurückkehrt.

Johannes 7,12.32-46; Lukas 10,25-37

Überfall auf der Landstraße

Wieder einmal wollten die Pharisäer Jesus dazu bringen, daß er etwas sagte, was nicht mit dem Gesetz Gottes übereinstimmte. Als Jesus an dem großen israelitischen Erntefest, dem Laubhüttenfest, in Jerusalem teilnahm, fingen sie ein Gespräch mit ihm an. „Was muß ich tun, damit ich zu Gott komme?“ fragte einer von ihnen.

Jesus antwortete mit einer Gegenfrage: „Was steht in Gottes Geboten? Du kennst sie doch gut.“

„Gottes Gebote verlangen, daß wir Gott von ganzem Herzen lieben sollen und unseren Nächsten wie uns selbst“, sagte der Pharisäer. „Du hast recht“, sagte Jesus. „Tu das.“

„Aber wer ist denn mein Nächster?“ beharrte der Pharisäer. Er wollte Jesus mit seinen Fragen in eine Falle locken.

„Ich will euch eine Geschichte erzählen, die diese Frage beantwortet“, sagte Jesus.

Ein Mann reiste allein von Jerusalem nach Jericho.

Eine Bande zerlumpter Räuber – mit Stöcken und Messern bewaffnet – überfiel ihn. Sie nahmen dem Mann sein Geld weg, schlugen ihn nieder und liefen davon. Den Mann ließen sie blutend am Straßenrand liegen.

Es dauerte nicht lange, da kam ein Priester vorbei. Er war auf dem Weg zum Tempel. „Ach, der arme Mann!“ sagte er, als er den Verletzten in seinem Blut liegen sah. Dann ging er schnell weiter.

Stunde um Stunde lag der Verletzte und wartete verzweifelt auf Hilfe. Endlich hörte er Schritte: ein Pharisäer.

„Das ist einer, der Gottes Gebote kennt“, dachte der Mann voller Hoffnung. „Er wird mir helfen.“

Nervös schaute der Pharisäer auf den verwundeten Mann. „Wahrscheinlich sind die Räuber noch ganz in der Nähe“, dachte er und zitterte bei dem Gedanken. „Dann werden sie auch mich überfallen.“ Er sah zu, daß er schnell an der Unglücksstelle vorbeikam.

„Jetzt wird keiner mehr kommen“, dachte der Verletzte auf der Straße. „Es wird bald dunkel.“ In diesem Moment hörte er das Getrappel von Eselhufen. Er öffnete die Augen und schloß sie enttäuscht wieder. Da kam ein Ausländer, ein Mann aus Samaria. Der würde ihm bestimmt nicht helfen, denn die Samaritaner und die Juden waren so verfeindet, daß sie nicht einmal miteinander sprachen.

Er konnte es kaum glauben, als sich eine Hand unter seinen Kopf schob. Der Fremde gab ihm zu trinken und redete freundlich mit ihm. Er versorgte vorsichtig seine schmerzenden Wunden. Schließlich hob er den Verletzten auf seinen Esel und brachte ihn zu einem Gasthaus.

Bald darauf lag er wohlversorgt in einem sauberen, weichen Bett.

„Die Diebe haben mir mein ganzes Geld gestohlen“, brachte er mühsam hervor.

„Mach dir keine Sorgen“, beruhigte ihn sein Helfer. „Du kannst bleiben, bis es dir besser geht. Die Rechnung bezahle ich.“

Jesus blickte seine Zuhörer an. „Wer in dieser Geschichte hat Gottes Gebot erfüllt?“ fragte er. „Wer war der Nächste für den verletzten Mann? Waren es die Frommen, die Gottes Gebote kannten?“

„Nein“, murmelte der Pharisäer. „Es war der andere.“

„Dann gehe hin und liebe deinen Nächsten genauso“, forderte Jesus ihn auf.

Matthäus 16,13-25; 17,1-23; Lukas 9,28-36

Auf dem Berg

Mit knapper Not waren Jesus und seine Jünger aus Jerusalem entkommen. Am letzten Tag des Laubhüttenfestes hatten die Pharisäer sogar mit Steinen nach Jesus geworfen, so wütend waren sie geworden.

Jesus zog sich an einen einsamen Ort zurück und sprach mit seinem Vater im Himmel. Diesmal blieb er so lange fort, daß seine Jünger ihn suchen mußten.

„Was denkt ihr eigentlich, wer ich bin?" fragte Jesus, als sie ihn gefunden hatten.

„Du? Du bist der Messias, von dem alle Propheten uns berichtet haben", erklärte Petrus.

„Das stimmt, Petrus!" antwortete Jesus. „Aber denkt daran, was mit dem Messias geschehen muß. Das haben die Propheten auch vorausgesagt. Bald muß ich wieder nach Jerusalem gehen. Dann werden die Priester und Pharisäer mich gefangennehmen und töten. Aber nach drei Tagen werde ich wieder auferstehen."

„Nein!" rief Petrus entrüstet. „Du hast so viel Macht. Du mußt dich wehren!"

„Sei still, Petrus!" schnitt Jesus ihm das Wort ab. „Du sprichst wie der Satan: Er möchte nämlich Gottes Pläne verhindern."

Dann wandte sich Jesus an die übrigen Jünger: „Eins muß ich euch noch sagen: Es ist nicht leicht, mir nachzufolgen. Auch euch wird man verspotten und verfolgen. Aber ich sehe genau, was ihr für mich erduldet. Eines Tages werde ich euch in aller Öffentlichkeit dafür belohnen."

Eines Tages nahm Jesus drei seiner Jünger, Petrus, Jakobus und Johannes, mit auf einen hohen Berg. Als sie auf dem Gipfel angekommen waren, geschah etwas sehr Ungewöhnliches. Jesus erstrahlte plötzlich in einem hellen Licht. Seine Kleider glänzten.

Und dann waren da noch zwei Männer bei Jesus.

„Das sind Mose und der Prophet Elia", flüsterten die Jünger erschrocken.

Jesus redete mit Mose und Elia über Gottes Plan: Er würde bald nach Jerusalem gehen. Dort würde man ihn töten.

Plötzlich waren sie alle von einer hellen Wolke umgeben. „Dies ist mein geliebter Sohn", hörte man Gottes Stimme, „auf ihn sollt ihr hören."

Die Jünger erschraken zu Tode und warfen sich auf den Boden. Da rührte sie jemand an. Voller Furcht blickten sie auf und sahen Jesus vor sich stehen – allein. Er sah aus wie immer.

„Fürchtet euch nicht", sagte er. „Kommt mit ins Tal, dort gibt es viel für uns zu tun."

Matthäus 19,16-26

Ein Mann sagt nein zu Jesus

In solch einem Haus möchte ich auch wohnen!" seufzte Judas Iskariot. Wochenlang waren Jesus und seine Jünger über staubige Landstraßen gewandert. Jetzt kehrten sie endlich nach Kapernaum zurück.

„Das Haus da? Das gehört dem reichsten Mann der Stadt", lachte Andreas. „Aber hast du mal gesehen, wie unzufrieden der immer aussieht?"

Da öffnete sich auch schon die Tür des prächtigen Hauses, und ein junger Mann trat auf die Straße.

„Guter Meister!" sprach er Jesus an. „Sag mir, wie ich ewiges Leben bekommen kann. Gottes Gebote habe ich von Kind an gehalten. Trotzdem bin ich mir nicht sicher, ob Gott mit mir zufrieden ist."

Jesus blickte zu den zerlumpten Bettlern hinüber, die am Straßenrand kauerten. Alte Leute saßen da, die sich nie sattessen konnten, und schreiende Babys, deren Mütter keine Milch für sie hatten.

Jesus freute sich über die Frage des reichen Mannes. „Eins fehlt noch: Verkaufe alles, was du hast", antwortete er freundlich, „und gib das Geld den Armen. Und dann komm und folge mir nach!"

Der reiche Mann blickte sich um. Da stand sein schönes Haus mit all seinem Besitz. Das alles sollte er verkaufen? Langsam wich die Begeisterung aus dem Gesicht des jungen Mannes. Traurig wandte er sich ab und ging zurück.

Lange noch stand Jesus auf der Straße und sah hinter dem jungen Mann her. Er hatte ihn sehr lieb.

„Wie schwer fällt es den Reichen, in mein Königreich zu gelangen", seufzte Jesus. „Eher zwängt sich ein Kamel durch ein Nadelöhr, als daß ein Reicher in das Reich Gottes kommt."

„Können dann Reiche überhaupt in Gottes Reich kommen?" fragten die Jünger bestürzt.

„Mit Gottes Hilfe ist alles möglich", antwortete Jesus. Er warf einen letzten Blick auf das Haus des reichen Mannes und ging die Straße hinunter.

Lukas 17,11-19

Einer sagt „danke“

Es war Abend. In der Ferne blinkten die vertrauten Lichter eines Dorfes, aber die zehn Männer, die hier vor den Toren der Stadt lebten, wußten, daß sie nie wieder nach Hause zurückkehren durften. Sie waren krank. Lepra nannte man diese Krankheit, bei der einem am lebendigen Leib alle Gliedmaßen absterben. Die Krankheit galt als ansteckend, darum waren die Männer aus ihrem Dorf vertrieben worden. Jeden Abend brachten mitleidige Angehörige Wasser und Lebensmittel. Sie stellten die Körbe weit außerhalb des Lagers auf den Boden.

An diesem Abend geschah jedoch etwas Merkwürdiges. Die Frauen liefen nicht gleich wieder zurück, sondern winkten, als wollten sie ihnen etwas sagen. „Hört mal her!“ riefen sie. „Wir haben eine gute Nachricht für euch. Dieser Wanderprediger Jesus ist in der Nähe. Er kann Kranke gesund machen. Vielleicht kann er sogar Lepra heilen!“ Die zehn Männer bekamen an diesem Abend kaum einen Bissen herunter, so aufgeregt waren sie.

„Wir dürfen die Straße nicht mehr aus den Augen lassen“, meinte einer. „Wie schrecklich, wenn wir ihn verpassen würden!“

„Es ist soweit“, sagte Jesus eines Tages zu seinen Jüngern, „laßt uns nach Jerusalem gehen!“

„Herr!“ riefen die zwölf entrüstet. „Du weißt doch, daß alle Priester und Pharisäer darauf lauern, dich zu töten.“

Jesus blickte sie traurig an. Wie oft hatte er ihnen schon erklärt, daß eben dies zu Gottes Plan gehörte: daß er sterben und auferstehen würde! Sie konnten und wollten es einfach nicht begreifen.

„Endlich! Das muß er sein!“ riefen die Kranken einander zu. Und dann: „Jesus, hilf uns!“ Sie schrien, so laut sie konnten, als sie die Menschenmenge in der Ferne entdeckten. „Was ist, wenn er uns nicht beachtet, weil wir diese ansteckende Krankheit haben?“ fiel einem plötzlich ein.

Aber Jesus blieb stehen. „Geht zu den Priestern“, sagte er zu ihnen. „Wenn sie feststellen, daß ihr gesund seid, dann lassen sie euch zu euren Familien nach Hause.“

Ohne groß zu überlegen, liefen die zehn Männer los. Als sie bei den Priestern ankamen, war ihre Krankheit tatsächlich verschwunden.

„Geht nach Hause, ihr seid gesund“, sagten die Priester.

Vor Freude wußten die Männer gar nicht, was sie als erstes tun sollten. Jetzt wollten sie alles nachholen, worauf sie so lange verzichten mußten. Sie gingen auseinander.

Nur einer von ihnen, ein Samaritaner, blieb stehen. Auch er konnte noch gar nicht fassen, was mit ihm geschehen war. Immer wieder betrachtete er seinen gesunden Körper.

„Jesus hat mich gesund gemacht!“ rief er überglücklich. Und dann rannte er zurück. Jesus konnte noch nicht weit sein.

„Ich danke dir!“ jubelte er und warf sich Jesus zu Füßen.

„Kommst du alleine zurück?“ fragte Jesus enttäuscht. „Sind nicht zehn gesund geworden?“

Lukas 19,1-10

Der reiche Mann Zachäus

Zachäus war ein Zöllner. Jeden Tag saß er am Stadttor von Jericho. Wenn Händler in die Stadt wollten, kassierte Zachäus Geld, viel Geld.

„Er ist ein Gauner“, schimpften die Leute in Jericho. „Erstens arbeitet er für die Römer, und dann nimmt er uns auch noch mehr Geld ab, als die Römer eigentlich verlangen. Er wird reich auf unsere Kosten!“

Die Menschen in Jericho wollten mit Zachäus nichts zu tun haben. Nach außen hin tat Zachäus so, als sei ihm das egal, aber in Wirklichkeit litt er sehr unter der Einsamkeit. Eines Tages hörte Zachäus in seinem Zollbüro laute Stimmen auf der Straße.

„Auf seinem Weg nach Jerusalem kommt er hier bei uns vorbei!“ rief jemand.

„Wer kommt vorbei?“ fragte Zachäus einen seiner Angestellten.

„Jesus von Nazareth“, antwortete der.

Zachäus war auf einmal sehr aufgeregt. Seit drei Jahren schon hörte er seltsame Geschichten über diesen Jesus. Die ordentlich gestapelten Goldmünzen auf seinem Tisch wurden auf einmal unwichtig. Er wollte unbedingt diesen Jesus sehen. Und schon sprang er auf und lief auf die Straße.

„Ich muß vorne vor den anderen Menschen stehen“, dachte er. „Ich bin klein; sonst versperren mir die anderen die Sicht.“

„Verschwinde, Zachäus!“ hieß es überall, wo er versuchte, sich durchzuzwängen. Mit ihren Ellbogen stießen sie ihn zurück.

„Ich werde noch ein Stück weiter gehen“, dachte Zachäus verzweifelt. „Dann klettere ich dort drüben auf den alten Maulbeerbaum und verstecke mich hinter den Blättern. Von dort oben kann ich alles genau beobachten.“

Endlich kam er. Zachäus rutschte nervös auf seinem Ast hin und her. Jetzt war Jesus direkt unter dem Baum angelangt. Aber im nächsten Augenblick wäre Zachäus beinahe von seinem Ast heruntergefallen, denn Jesus blieb stehen und blickte hoch.

„Zachäus, komm herunter“, rief er.

„Ich möchte dich heute in deinem Haus besuchen."

Zachäus war sprachlos. Dann rutschte er den Baumstamm hinunter und stand direkt vor Jesus.

Die anständigen Bürger von Jericho waren wütend. „Was soll das?" entrüsteten sie sich. „Uns müßte er besuchen, aber doch nicht diesen widerlichen Betrüger."

Jesus kümmerte sich nicht um das Gerede der Leute. Gott hatte ihn gerade zu den Menschen geschickt, die darunter litten, daß sie so vieles verkehrt gemacht hatten, damit sie ein neues Leben beginnen konnten. Er ging mit Zachäus in dessen Haus.

Das wurde ein Fest! Zachäus bewirtete Jesus mit köstlichen Speisen und edlem Wein. Er war so glücklich wie noch nie zuvor in seinem Leben! Von allen Menschen in Jericho hatte sich Jesus ausgerechnet ihn als Gastgeber ausgesucht, mit dem sonst niemand etwas zu tun haben wollte.

„Die Hälfte meines Geldes werde ich den Armen schenken", sagte Zachäus schließlich zu Jesus. „Außerdem werde ich allen Menschen, die ich betrogen habe, den vierfachen Betrag zurückgeben."

„Ja", sagte Jesus, „dann werden alle merken, daß du jetzt zu Gott gehörst."

Der Mann, der nicht sehen konnte

Eine milde Gabe für einen blinden Mann!" Bartimäus hockte am Straßenrand und bettelte. Manchmal tappte er auch hilflos durch die Stadt Jericho und versuchte, etwas zu essen zu finden. Solange Bartimäus lebte, war es immer dunkel um ihn gewesen. Er kannte nicht die bunten Farben der Blumen und das helle Licht der Sonne.

„Was ist denn nur los heute?" wunderte sich Bartimäus eines Tages. Jericho war viel geschäftiger als sonst. Eilige Schritte und

aufgeregte Stimmen drangen an sein Ohr.

„Jesus von Nazareth kommt hier entlang", erklärte ihm einer. „Paß auf, daß du ihm nicht im Wege sitzt!"

„Wann kommt er?" fragte Bartimäus aufgeregt, aber der Mann war schon wieder verschwunden.

„Das ist meine Gelegenheit!" schoß es ihm durch den Kopf. Auf den Gassen von Jericho war schon viel von diesem Jesus geredet worden. Kranke habe er gesund gemacht und vielen Menschen geholfen. Bartimäus mußte ihn einfach finden!

„Am Stadttor werde ich auf Jesus warten", überlegte er sich. „Dort muß er vorbeikommen, wenn er die Stadt verläßt."

Erwartungsvoll ließ Bartimäus sich am Straßenrand nieder.

„Jesus, hilf mir!" rief er laut, als dann endlich eine große Menschenmenge näherkam. Er versuchte, aufzustehen und Jesus auf sich aufmerksam zu machen, aber die Leute stießen ihn mit den Füßen weg. „Halt den Mund!" fuhren sie ihn an. „Jesus kann sich nicht mit Bettlern aufhalten."

Aber so leicht gab Bartimäus nicht auf. „Jesus, hilf mir!" rief er. Trotz des Lärms hörte Jesus den verzweifelten Ruf des Mannes und blieb stehen.

„Bringt den blinden Mann zu mir!" befahl er.

Ein Mann griff Bartimäus beim Arm. „Steh auf, Jesus ruft dich!" Bartimäus stellte sich auf die Beine und ließ sich durch die Menge zu Jesus führen.

„Was soll ich für dich tun?" fragte Jesus.

„Herr, ich möchte sehen können", stammelte der Blinde.

„Dein Glaube hat dir geholfen", sagte Jesus. „Du kannst sehen."

Bartimäus öffnete ganz vorsichtig die Augen und war wie geblendet von dem hellen Sonnenlicht. Zum ersten Mal sah er die Häuser und die Bäume und die Blumen und all die Menschen, die um ihn herumstanden, und Jesus, der ihm geholfen hatte. Eine solche Freude hatte Bartimäus noch nie erlebt. Er ließ alles stehen und liegen und schloß sich Jesus und seinen Jüngern an. Er wollte nun selbst ein Jünger werden.

Matthäus 21,1-11; Lukas 19,41-44.47-48; 13,34; 22,1-6

Ein großer Empfang

Jesus kommt zum Passafest nach Jerusalem!“ Einer rief dem anderen die Nachricht zu, und bald lief eine große Menschenmenge auf der Landstraße Jesus entgegen.

„Seht mal, er reitet auf einem jungen Esel!“ riefen die Menschen begeistert. „Genau wie die Propheten es uns gesagt haben: Freue dich, Jerusalem, dein König kommt zu dir auf einem Eselsfohlen. Endlich kommt der Messias!“

Die Menschen jubelten vor Freude. Sie rissen Palmenwedel von den Bäumen und winkten Jesus zu. Andere zogen ihre Mäntel aus und breiteten sie auf die Straße, damit Jesus wie ein König über einen Teppich reiten konnte.

Die Jünger ließen sich von der allgemeinen Begeisterung anstecken. Daß Jesus in Jerusalem sterben sollte, hatten sie längst vergessen.

„Wenn Jesus erst einmal König ist, bekommen wir sicher gute Posten als Minister“, dachten sie erfreut. „Dann werden die anderen endlich sehen, was wir können.“

„Gelobt sei Gott“, riefen die Menschen. „Macht Platz für unseren großen König!“ Jesus schaute hinüber zu der Stadt Jerusalem. Mit einem Mal wurde er sehr traurig, er begann sogar zu weinen. Er wußte, daß in wenigen Jahren die Römer Tausende von Juden töten und aus ihrem Land vertreiben würden. Und diese fröhlichen Menschen um ihn herum: In wenigen Tagen schon würden sie seinen Tod fordern.

„Ach, ihr Einwohner von Jerusalem“, seufzte Jesus. „Ihr erkennt nicht euren Retter, den Gott euch schickt. Wie eine Henne ihre Küken unter die Flügel nimmt, so möchte ich euch beschützen. Aber ihr wollt nicht.“

Schließlich kam der lange Festzug in Jerusalem an. Entsetzt rauften sich die Hohenpriester und Pharisäer die Haare. „Er läßt sich als Messias feiern“, sagten sie aufgebracht. „Das ist Gotteslästerung. Die Leute sollen sofort Ruhe geben.“

„Wenn diese Menschen schweigen, dann werden die Steine in Jerusalem zu Gottes Ehre schreien“, antwortete Jesus ruhig und bestimmt.

„Was wollen wir machen?“ wetterte Kaiphas, der Oberpriester, hinter verschlossenen Türen. „Er verführt das Volk! Wir müssen ihn so bald wie möglich aus der Welt schaffen.“

„Wie können wir ihn nur festnehmen?“ überlegten die anderen. „Das Volk würde es nicht dulden, wenn er getötet würde.“

„Dann müssen wir die Menschen gegen ihn aufhetzen“, flüsterte einer der Pharisäer.

„Wir müssen wissen, wo er sich nachts aufhält“, fügte ein anderer hinzu. „Wie wäre es, wenn wir ein bißchen Geld springen lassen? Jeder Mensch ist bestechlich; vielleicht wäre sogar einer seiner Jünger bereit, uns einen Tip zu geben... Und dann haben wir ihn!“

Die gelehrten Männer rieben sich die Hände und lächelten zufrieden.

Johannes 13; 14; Markus 14,1-31

Jesus wird verraten

Dunkel und still war es in den Gassen von Jerusalem. Aber dafür ging es in den Häusern um so lebhafter zu. Am Vorabend des Passafestes waren alle Familien zu einer Feier zusammengekommen. Wie in jedem Jahr aßen sie ein gebratenes Lamm. Dann erklärte der Vater seinen Kindern die Bedeutung dieser Feier: „Heute Abend erinnern wir uns daran, daß Gott uns aus der Sklaverei in Ägypten befreit hat."

In einem kleinen Saal bereiteten auch die Jünger dieses besondere Festessen zu, aber an diesem Abend ging alles schief. Schon vorher hatte es Zank und Streit gegeben.

„Meint ihr vielleicht, ich wasche euch die

Füße?“ Petrus blickte sich um. „Da könnt ihr euch einen anderen suchen.“

Die Straßen in Israel waren immer sehr staubig, und darum mußte man den Schmutz von den Füßen waschen, ehe man ins Haus gehen durfte. Gewöhnlich war dies die Aufgabe des Dieners.

Jesus sah traurig in die ärgerlichen Gesichter seiner Freunde. Dann kniete er sich in aller Ruhe hin und fing an, jedem einzelnen die Füße zu waschen.

„Aber das ist doch nicht deine Aufgabe, Herr!“ protestierte Petrus mit rotem Kopf.

„Ich habe euch lieb, ihr seid meine Freunde. Darum wasche ich euch die Füße“, antwortete Jesus. „Auch ihr müßt es lernen, einander zu lieben und zu dienen.“

Beim Abendessen war Jesus sehr traurig. „Einer von euch wird mich verraten“, meinte er schließlich.

„Aber Herr, wie kannst du so etwas denken?“ Die Jünger waren empört.

Jesus warf einen Blick zu Judas Iskariot hinüber. Er kannte die schwache Stelle dieses Jüngers. Die Hohenpriester hatten Judas Geld angeboten für den Fall, daß er ihnen half, Jesus zu fangen. Sie waren hocherfreut gewesen, als Judas in ihre Versammlung geschlichen kam. „Ich kann euch die Stelle zeigen, wo Jesus nachts schläft“, hatte er ihnen angeboten und dreißig Silberstücke dafür erhalten.

Judas fühlte sich ganz und gar nicht wohl, als er jetzt neben Jesus saß. „Er weiß, was ich getan habe!“ fuhr es ihm durch den Kopf.

„Judas, geh und tue, was du tun mußt“, sagte Jesus zu ihm. Und Judas ging hinaus in die dunkle Nacht.

Dann nahm Jesus ein Brot, dankte Gott, brach das Brot und gab jedem seiner Jünger ein Stück. „Das ist mein Leib“, sagte er. „So wie dieses Brot gebrochen wird, werde ich für euch sterben.“ Anschließend nahm Jesus einen Becher Wein und reichte ihn seinen Jüngern. „Das ist mein Blut, das für euch vergossen wird“, erklärte er ihnen. „Durch meinen Tod wird ein neuer Bund zwischen Gott und den Menschen geschaffen. Vergeßt das nie. Ich gehe jetzt fort, aber Gott wird seinen Geist senden, der in euch wohnt und euch hilft. Ich gehe zurück zu meinem Vater, um einen Platz für euch vorzubereiten.“

„Du willst fortgehen?“ riefen die Jünger bestürzt.

„Habt keine Angst“, beruhigte sie Jesus, „ich werde wiederkommen.“

„Niemand darf dir etwas zuleide tun. Dafür werde ich schon sorgen!“ brüstete sich Petrus und zog sein Schwert.

„Noch bevor der Hahn morgen früh kräht, Petrus“, sagte Jesus traurig, „wirst du dreimal behauptet haben, daß du mich gar nicht kennst.“

„Eher würde ich sterben“, sagte Petrus, und die anderen stimmten ihm zu. Die elf Jünger gingen mit Jesus zur Stadt hinaus und betraten den kleinen Garten Gethsemane, wo Jesus sich so gern aufhielt.

Johannes 18,1-10; Markus 14,53-72; Lukas 22,61-62

Gefangennahme bei Nacht

Kommt mit mir", sagte Jesus zu Petrus, Jakobus und Johannes. „Mir ist sehr bange, und ich will noch einmal mit meinem Vater reden. Könnt ihr eine Weile mit mir wach bleiben?" Die Jünger setzten sich auf die Erde, während Jesus ein Stück in den dunklen Garten Gethsemane hineinging.

„Vater", rief er, „wenn es möglich ist, dann laß uns einen anderen Weg finden, um die Menschen zu erlösen. Aber nicht mein Wille, sondern dein Wille soll geschehen."

Jesus stand auf und ging zu seinen Jüngern. Aber die lagen auf der Erde und schliefen fest. „Könnt ihr nicht eine Stunde mit mir wach bleiben?" fragte Jesus traurig. Noch zweimal ging er in den Garten hinein, um zu beten. Dann kehrte er zu seinen Jüngern zurück und weckte sie.

„Steht auf“, sagte er, „gleich werden sie mich verhaften.“

Auf einmal blitzten überall im Garten brennende Fackeln auf. Soldaten und Knechte des Hohenpriesters stürmten heran. Auch Judas war bei ihnen.

„Der ist es“, sagte Judas leise, trat auf Jesus zu und gab ihm einen Kuß.

Ein Soldat sprang vor und wollte Jesus gefangennehmen. Das war zuviel für Petrus! Mit einer plötzlichen Handbewegung zog er sein Schwert und schlug auf die Soldaten ein. Ein Soldat, er hieß Malchus, schrie auf: Petrus hatte ihm ein Ohr abgeschlagen.

Jesus ging sofort auf den Verletzten zu und heilte sein Ohr. Dann ließ er sich fesseln und in die Stadt führen.

Petrus folgte den Soldaten in sicherem Abstand. Er wollte wissen, was nun mit Jesus geschah.

Die Männer brachten Jesus zum Palast des Hohenpriesters.

In einem großen Saal saßen der Hohepriester Kaiphas mit weiteren Priestern und Ratsherren. Das Verhör begann. Zunächst traten eine Reihe von Zeugen auf, die alle möglichen Anschuldigungen gegen Jesus vorbrachten. Die Anklagen waren nicht wahr, aber Jesus verteidigte sich nicht.

Schließlich wandte sich der Hohepriester selbst an Jesus: „Warum antwortest du nicht?“ zischte er ärgerlich. „Bist du nun der Sohn Gottes oder nicht?“

„Ja, ich bin es“, antwortete Jesus.

„Hört: Er hat Gott gelästert!“ tobte der Hohepriester. „Er muß sterben!“

„Bringt ihn vor Pilatus“, schlug einer vor. „Nur er darf im Auftrag der Römer ein Todesurteil sprechen.“

Draußen im Hof wärmten sich die Soldaten an einem Feuer. Petrus setzte sich dazu. Hier konnte er sogar beobachten, was in dem hellerleuchteten Haus passierte.

„Du bist doch einer von den Jüngern dieses Jesus aus Nazareth“, sprach ihn plötzlich jemand von hinten an.

Petrus zuckte zusammen. „Wie kommst du darauf?“ murmelte er.

„Doch, du gehörst zu ihm“, bestätigte ein anderer.

„Das stimmt nicht“, stritt Petrus ab.

„Ich hab’ dich aber mit ihm gesehen“, behauptete ein Soldat.

„Ich schwöre euch, ich kenne ihn nicht!“

In diesem Augenblick krähte der Hahn. Da wurde Petrus bewußt, was er gerade getan hatte. Er lief hinaus und weinte.

Jesus stirbt am Kreuz

Das Verhör bei Pilatus war vorüber. Lange hatte er gezögert, Jesus zu verurteilen, weil er ihn für unschuldig hielt. Aber dann hatte er sich doch dem Druck der aufgehetzten Volksmasse gebeugt. „Kreuzige ihn! Kreuzige ihn!" hatten sie immer wieder gerufen. Sie wollten lieber den Mörder Barabbas freigelassen haben als diesen Jesus. Da hatte Pilatus nachgegeben.

Römische Soldaten trieben Jesus aus der Stadt, einen Hügel hinauf. Jesus war sehr schwach, man hatte ihn vorher ausgepeitscht, und er mußte den schweren Holzbalken schleppen, an dem man ihn an der Hinrichtungsstätte kreuzigen würde.

Die Soldaten hatten sich noch ihren Spaß mit ihm gemacht. „Du willst ein König sein?" riefen sie. „Dann sollst du auch eine Krone tragen!" Und dann preßten sie ihm höhnisch lachend eine Krone aus spitzen Dornen auf den Kopf, bis ihm das Blut über das Gesicht lief.

Oben auf dem Hügel wurde Jesus an das Kreuz genagelt. Dann richteten die Soldaten das Kreuz auf und rammten es in die Erde.

„Vater", stöhnte Jesus, „vergib ihnen. Sie wissen nicht, was sie tun."

Die Soldaten hockten sich unter das Kreuz und losten aus, wer seine Kleider bekommen sollte. Auch viele Schaulustige waren gekommen, um Jesus am Kreuz hängen zu sehen.

Zwei Verbrecher waren rechts und links von Jesus gekreuzigt worden. „Warum rettest du dich nicht selbst und uns dazu?" fragte einer der beiden spöttisch.

„Sei doch still", wies ihn der andere zurecht. „Wir beide verdienen unsere Strafe, aber dieser hier hat nie etwas Böses getan. – Herr, wirst du an mich denken, wenn du in dein Königreich kommst?"

„Ich verspreche dir: Du wirst mit mir im Paradies sein", versicherte Jesus ihm.

Jesus blickte herab und sah seine Mutter Maria unter dem Kreuz stehen. Wer konnte jetzt seine Mutter trösten? Da erkannte Jesus im Hintergrund seinen Jünger Johannes.

„Johannes, kümmere dich um meine Mutter", bat Jesus ihn. Und dann wandte er sich an Maria: „Mutter, sorge du für Johannes!"

Gegen Mittag verdunkelte sich plötzlich die Sonne. Drei Stunden lang herrschte eine Finsternis im ganzen Land. „Mein Gott, warum hast du mich verlassen?" rief Jesus.

Dann rief er noch einmal laut: „Es ist vollbracht!“ Nach diesen Worten starb Jesus.

Im selben Augenblick gab es ein Erdbeben, und der Vorhang im Tempel zerriß in zwei Teile. „Tatsächlich“, sagte ein römischer Hauptmann ehrfürchtig, „dieser Mensch war Gottes Sohn!“

Einer der Freunde Jesu, er hieß Josef von Arimathia, wickelte den Toten später in Leinentücher und legte ihn in ein Felsengrab. Vor den Eingang des Grabes wurde ein großer Stein gerollt. Am nächsten Tag begann das Passafest.

Die Priester und Ratsherren wollten ganz sicher sein, daß die Jünger den Leichnam nicht aus dem Grab stehlen konnten. Darum baten sie Pilatus, daß römische Soldaten vor dem Grab Wache hielten. So geschah es.

Matthäus 28,1-10; Markus 16,1-18; Lukas 24,1-43; Johannes 20

Das leere Grab

Eine Frau eilte durch die Morgendämmerung. Immer wieder blickte sie sich um, denn sie wollte nicht beobachtet werden. Es war Sonntagmorgen, der Tag nach dem Passafest. Maria aus Magdala, so hieß die Frau, wollte den Leichnam Jesu mit kostbarer Salbe einreiben.
Als Maria vor der Grabhöhle ankam, traute sie ihren Augen nicht: Der Stein war beiseite gerollt, und die Soldaten waren verschwunden. Was war geschehen?

Gott hatte an diesem Morgen seinen Sohn vom Tode auferweckt. Die Erde hatte angefangen zu beben, und dann hatte ein Engel den schweren Stein fortgerollt. Die Soldaten waren in maßlosem Entsetzen geflohen. Das alles wußte Maria nicht.

Voller Sorge lief Maria zurück zu den Jüngern, um ihnen von ihrer Entdeckung zu berichten. Die Jünger saßen verängstigt hinter verschlossenen Fenstern und verriegelten Türen. Seit Tagen schon hielten sie sich versteckt.

Petrus und Johannes machten sich mit Maria sofort auf den Weg zum Grab. Johannes lief voraus und war zuerst dort. Er sah in das Grab, ging aber nicht hinein. Dann kam auch Petrus, und zusammen gingen sie in die Grabkammer. Sie sahen die Tücher, in die Jesus gewickelt gewesen war. Kein Zweifel: Das Grab war leer.

Ratlos kehrten die beiden Männer zu den anderen Jüngern zurück. Nur Maria blieb am Grab stehen und weinte. „Die Soldaten haben ihn weggenommen", schluchzte sie.

Mit einem Mal spürte sie, daß jemand hinter ihr stand. Sie dachte, es sei der Gärtner.

„Wo habt ihr Jesus hingebracht?" fragte sie mit verweinten Augen.

„Maria!" hörte sie ihren Namen, und sogleich erkannte sie ihn – Jesus. „Geh und sag auch den anderen, daß ich lebe!" sagte Jesus zu Maria.

Kurz darauf hämmerten zwei Männer heftig gegen die Tür des Hauses, in dem die Jünger sich versteckt hielten. Die Gesichter der beiden waren rot und verschwitzt vom Laufen.

„Wir haben Jesus gesehen!" riefen sie atemlos. „Auf unserem Heimweg nach Emmaus trafen wir einen Mann, der mit uns unterwegs war. Er erklärte uns, was die Propheten über den Messias vorausgesagt haben: daß er sterben muß und dann auferstehen wird. Beim Abendessen wurde uns plötzlich klar: Das ist Jesus! Darum sind wir so schnell zurückgekommen."

Die anderen Jünger blickten sich an. „Wir können diese Geschichten einfach nicht glauben", sagten sie zweifelnd.

Die Tür war ganz fest verschlossen. Doch plötzlich stand Jesus im Zimmer mitten unter ihnen. Er zeigte ihnen seine Hände und Füße mit den Wunden, die die Nägel gerissen hatten, und forderte sie auf: „Habt keine Angst! Faßt mich an! Ich bin lebendig." Dann setzte er sich zu ihnen, und sie aßen gemeinsam Brot und Fisch. Jetzt zweifelten die Jünger nicht mehr. Jesus lebt.

Begegnung am See

Einmal muß Schluß sein!“ Petrus lief ruhelos in dem kleinen Zimmer auf und ab, in dem sich die Jünger immer noch versteckt hielten. „Ich gehe in meinen Beruf zurück. Wer kommt mit fischen?“

Einige Jünger folgten ihm zum See. Sie fuhren mit ihren Booten hinaus, aber sie kehrten mit leeren Netzen zurück.

„Wißt ihr noch?“ rief Petrus. „Es ist genau wie damals, bevor ich Jesus traf.“

Im Morgennebel erspähten die Jünger einen Mann am Ufer. Sie konnten sogar verstehen, was er ihnen zurief: „Habt ihr nichts gefangen? Werft die Netze noch einmal auf der rechten Seite des Bootes aus!“

Plötzlich füllte sich das Netz. Sie fingen so viele Fische, daß sie Mühe hatten, den Fang an Land zu bringen.

„Das ist der Herr!“ sagte Johannes laut. Petrus sprang kurzentschlossen ins Wasser und schwamm ans Ufer. Er wollte so schnell wie möglich zu Jesus kommen. Am Strand knisterte ein Feuer. Sie aßen Brot und Fisch.

Nach dem Essen fragte Jesus: „Petrus, hast du mich lieb?“

„Aber Herr, du weißt doch, daß ich dich liebhabe!“ antwortete Petrus.

Noch zweimal stellte Jesus ihm diese Frage. Petrus wurde sehr traurig. Er erinnerte sich plötzlich an die schreckliche Nacht, in der er dreimal behauptet hatte, Jesus gar nicht zu kennen.

Petrus schämte sich sehr. „Herr“, sagte er leise, „du weißt alles. Du weißt auch, daß ich dich liebhabe.“

„Ich habe einen besonderen Auftrag für dich“, sagte Jesus zu ihm. „Kümmere dich um alle, die mir nachfolgen.“ Da wußte Petrus, daß Jesus ihm vergeben hatte, und er wurde sehr froh.

Vierzig Tage nach Ostern versammelte Jesus noch einmal alle Jünger um sich. Dann stiegen sie hinauf auf den Ölberg. „Ich kehre jetzt zu meinem Vater zurück“, sagte er ihnen dort. „Aber habt keine Angst, ihr seid nicht allein. Schon sehr bald wird mein Vater euch seinen Geist senden. Der wird euch helfen, wenn ihr meine Worte verkündigt. Sagt allen Menschen, daß Gott sie liebhat – hier in dieser Stadt und in der ganzen Welt.“

Jesus blickte die Jünger an: „Vergeßt nicht: Ich bin bei euch an jedem Tag.“

Als Jesus das gesagt hatte, wurde er von einer Wolke verhüllt und von Gott in den Himmel aufgenommen. Die Jünger sahen ihm nach. Da standen auf einmal zwei Männer neben ihnen, Boten Gottes.

„Warum starrt ihr in den Himmel?“ fragten sie die Jünger. „Jesus ist zu Gott zurückgekehrt, wie er gesagt hat. Aber er wird wiederkommen.“

Apostelgeschichte 1-5

Das Abenteuer beginnt

„Wartet, bis Gott euch seinen Geist sendet", hatte Jesus zum Abschied gesagt. Aber das Warten fiel den Jüngern schwer. Zehn Tage, nachdem Jesus in den Himmel aufgenommen worden war, saßen sie alle zusammen in einem Haus in Jerusalem.

Dann geschah etwas Wunderbares. Es war, als wenn ein Wind durch den Raum brauste. Dann sah man plötzlich etwas wie kleine Feuerflammen. Sie schienen auf den Köpfen der Jünger zu tanzen. In dieser Stunde schickte Gott seinen heiligen Geist.

Jerusalem war an diesem Tag voll von Menschen aus verschiedenen Ländern, die zum Pfingstfest angereist waren. Die

Jünger, die noch vor kurzem voller Angst ihr Haus verschlossen hatten, öffneten die Türen und gingen hinaus auf die Straße. Sie begannen zu reden und erzählten von Gottes Taten. Bald waren sie umringt von Menschen. Alle hörten erstaunt zu, denn jeder hörte die Jünger in seiner eigenen Sprache reden. Wie war das möglich? Niemand konnte es erklären.

Dann ergriff Petrus das Wort. Er erzählte, was Jesus gesagt und getan hatte, wie er gekreuzigt und von Gott auferweckt worden sei. „Ihr habt den von Gott versprochenen Retter gekreuzigt!“ schloß er seine Predigt.

„Was sollen wir tun, um Gottes Strafe zu entgehen?“ fragten viele Menschen bestürzt.

„Bittet Gott um Vergebung für eure Sünden und glaubt, daß Jesus der Retter ist“, antwortete Petrus.

An diesem Tag glaubten dreitausend Menschen an Jesus. So entstand die erste Gemeinde der Christen. Sie trafen sich regelmäßig in den Häusern, aßen und feierten zusammen, sangen Loblieder und hörten gespannt zu, was die Jünger über Jesus erzählten.

Eines Tages gingen Petrus und Johannes zum Beten in den Tempel. Am Eingangstor saß ein lahmer Bettler.

„Eine kleine Gabe!“ flehte er die beiden an.

„Geld habe ich nicht“, antwortete Petrus freundlich, „aber was ich habe, das will ich dir geben. Im Namen Jesu: Steh auf und geh.“ Der Mann hatte sein ganzes Leben lang noch keinen Schritt gehen können. Jetzt war er alt. Trotzdem sprang er auf seine Füße, und außer sich vor Freude begann er zu tanzen. Von allen Seiten strömten die Menschen zusammen.

„Was seht ihr uns an, als hätten wir diesen Mann geheilt!“ wehrte Petrus ab. „Jesus hat den Gelähmten gesund gemacht. Ihr habt ihn gekreuzigt, aber er ist auferstanden, er lebt!“ Daraufhin glaubten noch viel mehr Menschen an Jesus.

Als die Hohenpriester bemerkten, daß Petrus von der Auferstehung Jesu sprach, bekamen sie Angst und ließen ihn und Johannes verhaften. Am nächsten Morgen ließ Kaiphas, der Hohepriester, die Jünger wieder frei – unter einer Voraussetzung: Sie sollten nicht mehr öffentlich von Jesus reden.

Aber Petrus ließ sich nicht einschüchtern. „Entscheidet selbst: Wem sollen wir mehr gehorchen: Gott oder euch Menschen?“ fragte er. „Wir müssen einfach von dem reden, was wir gesehen und gehört haben.“ Bald gab es so viele Nachfolger Jesu in Jerusalem, daß man sie kaum noch zählen konnte.

Apostelgeschichte 6; 7; 9,1–10

Der Mann, der Jesus haßte

Die christliche Gemeinde in Jerusalem wuchs. Sogar in anderen Städten des Landes waren Gemeinden entstanden, weil die Christen überall, wo sie hinkamen, von Jesus erzählten.

Stephanus hieß einer von ihnen; er war für die Essensverteilung an arme Witwen in Jerusalem zuständig. Eines Tages wurde er von den Feinden der Gemeinde verhaftet und vor den Hohen Rat gebracht. Falsche Zeugen traten auf und brachten erlogene Anschuldigungen gegen ihn vor.

Als dann Stephanus das Wort erteilt wurde, verteidigte er sich nicht, sondern erzählte aus der Geschichte Israels. Er sprach über Abraham, Jakob, Josef und über die Zeit der Wüstenwanderung.

„Dort in der Wüste und später immer wieder seid ihr Gott ungehorsam gewesen und habt euch geweigert, ihn zu hören", wandte er sich schließlich an seine Zuhörer. „Und jetzt habt ihr sogar seinen Sohn getötet!" Stephanus blickte zum Himmel auf und rief: „Ich sehe den Himmel geöffnet und Jesus zur Rechten Gottes."

Ein junger Pharisäer, er hieß Paulus, knirschte vor Wut mit den Zähnen. Auch alle anderen Gesetzeslehrer sprangen auf: „Er lästert Gott!" Sie packten Stephanus und zerrten ihn vor das Stadttor. Dort wurde er gesteinigt.

Er betete: „Herr Jesus, vergib ihnen diese Sünde!" Dann starb er.

Paulus war dabei, als Stephanus getötet wurde. Er warf zwar selbst keine Steine, aber es gefiel ihm. Die Christen mußten ausgerottet werden, davon war er überzeugt. Sie verführten das Volk zu einem falschen Glauben. Von diesem Tag an wurden die Christen auf grausamste Weise verfolgt. Paulus ging mit Soldaten von Haus zu Haus, und wenn er Christen fand, ließ er sie auspeitschen und ins Gefängnis werfen. Aber er erreichte das Gegenteil: Viele Jünger flohen damals aus Jerusalem. Sie verbreiteten die neue Lehre im ganzen Land, so daß Tausende von Menschen zum Glauben an Jesus kamen.

Als Paulus hörte, daß auch in Damaskus eine christliche Gemeinde entstanden war, setzte er sich auf sein Pferd und machte sich mit einigen Soldaten auf den Weg. Er trug eine Vollmacht des Hohenpriesters bei sich, die ihn ermächtigte, auch in Damaskus Christen zu verhaften. Paulus konnte die Stadt schon am Horizont erkennen, da wurde er plötzlich von einem hellen Lichtstrahl geblendet. Er stürzte zu Boden.

„Warum verfolgst du mich?" hörte er eine Stimme aus den Wolken.

„Wer bist du, Herr?" fragte Paulus erschrocken.

„Ich bin Jesus. Geh in die Stadt, dort wird man dir sagen, was du tun sollst."

Die Soldaten eilten herbei, um Paulus zu helfen. Auch sie hatten eine Stimme gehört, aber nichts gesehen. Als sie ihn aufrichten wollten, merkten sie, daß Paulus blind war.

Die Christen in Damaskus fürchteten sich, als Paulus von seinen Begleitern in die Stadt geführt wurde. Das war doch der Mann, der so grausam die Christen in Jerusalem verfolgt hatte! Was würde nun passieren?

Apostelgeschichte 9,10-33; 12,1-19

Paulus und Petrus

Hananias war ein alter Mann. Er gehörte zu den Christen in Damaskus, und auch er hatte große Angst vor Paulus. Eines Morgens sprach Gott zu ihm: „Hananias, geh in die Gerade Straße. Im Haus von Judas findest du einen Mann namens Paulus. Lege ihm die Hände auf, denn er ist blind."

„Paulus!" schrie Hananias auf. „Herr, das kannst du nicht von mir verlangen."

„Geh zu ihm", antwortete Gott. „Er betet."

Da ging Hananias zu Paulus. Er berührte seine Augen, da konnte Paulus wieder sehen. Der alte Mann nahm Paulus mit zu den Christen. Zunächst waren diese sehr mißtrauisch. Aber bald merkten auch sie, daß Paulus nach seiner Begegnung mit Jesus ein anderer Mensch geworden war. Er verkündigte öffentlich in Damaskus, daß Jesus Gottes Sohn sei.

Die Schriftgelehrten in Damaskus waren entsetzt, als sie von der Bekehrung des Paulus hörten. Sie nahmen sich vor, ihn zu töten, und ließen alle Stadttore bewachen.

„Du mußt verschwinden!" sagten die Jünger zu Paulus. „Wir werden dich diese Nacht in einem Korb über die Stadtmauer hinunterlassen."

Paulus flüchtete nach Jerusalem. Aber auch dort wollten die Christen nichts mit ihm zu tun haben. „Nehmt euch in acht", warnten sie. „Vielleicht ist er ein Spitzel und will uns hereinlegen."

Einer der Jünger, er hieß Barnabas, sorgte dafür, daß Paulus schließlich doch in der Gemeinde aufgenommen wurde.

Eines Tages passierte etwas Schreckliches. König Herodes ließ Petrus gefangennehmen. „Bewacht diesen Mann gut!" befahl er den Soldaten. „Morgen muß er sterben."

Die Christen waren wie gelähmt vor Entsetzen. Sie trafen sich in dem Haus von Markus, um zu beten.

Petrus im Gefängnis machte sich keine Sorgen. Obwohl er an seine Bewacher angekettet war, schlief er gut.

Mitten in der Nacht wurde er plötzlich wachgerüttelt. Der Kerker war hell erleuchtet. „Zieh dir einen Mantel über", flüsterte jemand, offenbar ein Bote Gottes. Die Ketten glitten ihm von seinen Händen und Füßen. Petrus glaubte zu träumen. Er folgte dem Engel durch die Reihen der schlafenden Soldaten ins Freie. Dann stand er allein auf der dunklen Straße.

Im Haus von Markus waren immer noch die Christen versammelt. Plötzlich klopfte es an der Tür. Niemand achtete darauf, so inbrünstig beteten sie um die Freilassung des Petrus.

„Warum macht denn keiner auf?" Petrus pochte lauter an die Tür.

Schließlich hörte ein junges Hausmädchen, Rhode, das Klopfen. Sie blickte aus dem Fenster. Das konnte doch nicht wahr sein! Umgehend lief sie zurück in die Gebetsversammlung.

„Petrus steht draußen!“ keuchte sie.

„Ach was, Petrus ist im Gefängnis“, sagten die anderen traurig. Wieder klopfte es an der Tür. Da endlich öffneten sie. Welch eine Überraschung, als Petrus gesund und wohlbehalten ins Haus trat. Keiner hatte damit gerechnet, daß Gott ihre Gebete so rasch erhören würde!

Apostelgeschichte 8,4-8.26-40

Der Mann aus Afrika

Philippus, einer der Apostel, war von Jerusalem nach Samaria geflüchtet. Hier predigte er jeden Tag zu Tausenden von Menschen. Viele kamen zum Glauben an Jesus. Eines Tages sprach Gott zu Philippus: „Geh in die Wüste. Ich habe dort eine Aufgabe für dich."

Philippus konnte nicht verstehen, warum er ausgerechnet jetzt Samaria verlassen sollte. Er wurde doch hier gebraucht! Aber er ging trotzdem.

Zur gleichen Zeit stieg in Jerusalem ein Minister der Kaiserin von Äthiopien in seine Kutsche. Er hatte einige Tage in Israel verbracht und wollte nun zurück in seine afrikanische Heimat. Ein langer Weg durch die Wüste stand ihm bevor. Zum Glück besaß er einen bequemen Reisewagen.

Der Minister machte ein enttäuschtes Gesicht. Er hatte gehofft, in Jerusalem mehr über den Gott der Juden zu erfahren. Aber dann durfte er – weil er ein Fremder war – nicht einmal den Tempel betreten. Daraufhin hatte er sich eine Schriftrolle gekauft, in der die Worte des Propheten Jesaja aufgeschrieben waren. Vielleicht würde er ja hier das finden, was er suchte. Auf der Rückfahrt begann er, die Schrift zu studieren, und las sich den Text laut vor.

„Was hat Gott gesagt? Eine Aufgabe? Hier in dieser Einöde?" Philippus wanderte die einsame Straße entlang, die nach Afrika führte. Kein Mensch war zu sehen. Aber im nächsten Moment entdeckte er in der Ferne eine Staubwolke. Eine Kutsche kam angefahren.

Der äthiopische Minister war so vertieft in seine Lektüre, daß er den einsamen Wanderer fast gar nicht bemerkt hätte. Philippus ging ein Stück neben dem Wagen her. Dabei hörte er, daß der Mann im Innern der Kutsche einen Abschnitt aus dem Buch Jesaja las: „Er erduldete alles, ohne zu klagen, wie ein Lamm, das geschlachtet wird... Gott warf unsere Sünden auf ihn..."

„Verstehst du auch, was du liest?" sprach Philippus den Minister an.

„Nein, ich verstehe gar nichts", gab der Afrikaner zur Antwort. „Wer ist dieser Mann, der an meiner Stelle bestraft wurde? Aber vielleicht kannst du mir erklären, was gemeint ist. Komm, steig ein."

Philippus nahm Platz und erzählte dem Äthiopier von Jesus: „Er wurde wie ein Opferlamm getötet, weil Gott ihn für unsere Sünde bestraft hat. Aber er ist auferstanden und lebt, und er will, daß alle Menschen mit ihm leben." Philippus beantwortete dem Mann aus Äthiopien noch viele weitere Fragen, so daß dieser schließlich ausrief:

„Ich möchte auch zu diesem Jesus gehören. Wir kommen gleich an einer Oase vorbei. Kannst du mich dort taufen?"

„Wenn du an Jesus glaubst, dann taufe ich dich", stimmte Philippus zu.

Freudestrahlend setzte der Minister seinen Weg fort. Die weite Reise hatte sich doch gelohnt!

Apostelgeschichte 14,1-19; 22,17-21; Epheser 3,6-12

Eine abenteuerliche Reise

Dicke Steine prasselten auf Paulus herab. Er versuchte, ihnen auszuweichen, aber vergebens. Die wütenden Menschen in Lystra waren entschlossen, ihn zu töten. Paulus dachte an Stephanus. Hatte er nicht damals begeistert zugeschaut, wie der Jünger zu Tode gesteinigt wurde?

In Jerusalem hatte Gott dem Apostel Paulus einen besonderen Auftrag gegeben: „Reise in ferne Länder und erzähle den Menschen dort von Jesus. Die ganze Welt soll erfahren, daß ich jeden einzelnen Menschen liebhabe."

Seitdem waren Paulus und sein Freund Barnabas unterwegs. Sie wanderten von Ort zu Ort oder fuhren mit dem Schiff. Wenn sie in eine Stadt kamen, fragten sie zuerst nach Juden. Aber diese wollten meist nicht glauben, daß der Messias, auf den sie warteten, schon gekommen war. Dann stellte sich Paulus auf die Straße und redete zu den Menschen aus allen anderen Völkern: „Gott liebt euch, egal ob ihr Römer, Griechen, Afrikaner oder Juden seid."

Darüber entrüsteten sich die Juden: „Unser Volk wurde von Gott erwählt, nicht diese Heiden!" riefen sie zornig in der Stadt Ikonion. Dann jagten sie Paulus und Barnabas zur Stadt hinaus.

Im nächsten Ort, in Lystra, trafen Paulus und Barnabas einen lahmen Bettler. Er saß auf dem Marktplatz und hörte zu, während die beiden Männer predigten. Paulus merkte: Der Gelähmte vertraute Gott, daß er ihn gesund machen kann. Da rief er ihm zu: „Steh auf! Gott hat dich geheilt!"

Sofort sprang der Gelähmte auf seine Füße. Die Menschen von Lystra erstarrten vor Ehrfurcht und warfen sich vor Paulus und Barnabas nieder. „Die beiden Männer müssen Götter sein. Sie sind direkt vom Himmel zu uns herabgestiegen", flüsterten sie und wollten ihnen sogar Opfer darbringen.

Paulus und Barnabas wichen entsetzt zurück. „Nicht doch!" riefen sie abwehrend. „Wir sind gewöhnliche Menschen wie ihr. Steht auf! Ihr dürft uns nicht anbeten! Wir haben euch von dem lebendigen Gott und von Jesus erzählt. Den sollt ihr verehren!"

In diesem Augenblick kam eine Gruppe

Juden in die Stadt geeilt. Sie waren Paulus und Barnabas aus Ikonion gefolgt.

„Hört nicht auf diese Männer!" riefen sie und drängten sich durch die versammelte Menschenmenge. „Das sind Lügner und Unruhestifter!" Das Volk ließ sich aufhetzen, und so kam es schließlich dazu, daß Paulus gesteinigt wurde.

„Werft ihn vor das Stadttor!" befahlen die Männer und stießen mit dem Fuß gegen Paulus, der reglos dalag. „Da sollen ihn die Geier fressen."

Barnabas und einige Christen aus Lystra wollten Paulus beerdigen. Traurig standen sie um den Körper ihres Freundes herum. Da öffnete Paulus plötzlich seine Augen. Er war zwar noch etwas benommen, aber langsam kam er wieder zu sich.

Am nächsten Tag wanderten Paulus und Barnabas weiter zur Stadt Derbe, die in der Nähe lag.

Apostelgeschichte 16,16-40

Die Wahrsagerin

Nachdem Paulus und Barnabas von ihrer ersten Reise zurückgekehrt waren, berichteten sie in der Gemeinde von Antiochia über ihre Erlebnisse. Kurz darauf ging Paulus erneut auf Reisen, diesmal zusammen mit seinem Freund Silas. Sie reisten durch Kleinasien, bis sie schließlich in der Hafenstadt Lystra ankamen. Wie sollte es nun weitergehen? In der Nacht hatte Paulus einen Traum. Ein Mann rief ihm zu: „Komm herüber und hilf uns!“

Da bestiegen Paulus und Silas ein Schiff und fuhren über das Ägäische Meer. Ihre erste Station in Europa war die Stadt Philippi. Dort verkündeten sie die Botschaft von Jesus.

Aber eines Tages gab es einen Aufruhr in der Stadt. Und das kam so: Ein junges Mädchen, eine Sklavin, war von einem bösen Geist beherrscht. Sie besaß daher übernatürliche Kräfte und konnte voraussehen, was in der Zukunft passieren würde. Dadurch brachte sie ihren Besitzern viel Geld ein.

Als die Wahrsagerin Paulus und Silas erblickte, bekam der böse Geist, der in ihr lebte, Angst. Die Frau schrie laut hinter Paulus und Silas her.

Paulus hatte Mitleid mit der jungen Frau. Mit lauter Stimme befahl er, daß der Dämon das Mädchen verlassen sollte. Im nächsten Moment verließ der böse Geist die Frau; sie fühlte sich glücklich und befreit. In die Zukunft schauen konnte sie allerdings jetzt nicht mehr. Die Besitzer der Frau waren darüber empört. Eine gute Einnahmequelle war ihnen verlorengegangen. Sie zerrten Paulus und Silas vor den Bürgermeister von Philippi.

„Diese Männer bringen Unruhe in unsere Stadt", riefen sie. „Außerdem verstoßen sie gegen das römische Recht." Paulus und Silas wurden ausgepeitscht und anschließend ins Gefängnis geworfen.

„Sperr die beiden in die sicherste Zelle", sagte der Bürgermeister drohend zum Aufseher. „Wenn sie dir entwischen, lasse ich dich töten."

Es war mitten in der Nacht. Paulus und Silas konnten vor Schmerzen nicht schlafen. Ihre Füße steckten in einem hölzernen Block, ihre Rücken waren übersät von blutigen Striemen.

„Komm, Silas", schlug Paulus vor, „laß uns singen und Gott loben." Die übrigen Gefangenen hörten verwundert zu. Was waren das für Männer, die an einem solchen Ort singen konnten?

Auf einmal erzitterte das Gefängnis in seinen Grundmauern. Breite Risse zogen sich durch die Wände, und die Gefängnistüren fielen aus den Angeln. Ein Erdbeben! Die Gefangenen waren frei.

Auch der Gefängniswärter war von dem Erdbeben wachgeworden. „Ich bin verloren!" rief er. „Die Gefangenen sind weg." Verzweifelt zog er sein Schwert und wollte sich selbst töten.

„Halt!" rief Paulus. „Tu dir nichts zuleide! Niemand ist geflüchtet."

Der Gefängniswärter suchte nach einem Licht und tastete sich näher. „Ich sehe, daß Gott mit euch ist", flüsterte er. „Sagt mir, was muß ich tun, damit ich gerettet werde?"

„Glaube an Jesus!" antwortete Paulus freundlich.

In dieser Nacht wurden der Gefängniswärter und seine ganze Familie Christen. Er nahm Paulus und Silas mit in sein Haus. Dort verband er sorgfältig ihre verwundeten Rücken und gab ihnen zu essen.

Am nächsten Tag meldete sich der römische Statthalter persönlich bei Paulus und Silas. Er entschuldigte sich bei den beiden für die schlechte Behandlung. Als Paulus Philippi verließ, gab es auch dort eine kleine Gruppe von Christen.

Aufruhr in Ephesus

Seit zwei Jahren wohnte Paulus nun schon in der großen Stadt Ephesus. Dies war seine dritte Missionsreise. In manchen Orten legte er dabei einen längeren Aufenthalt ein und arbeitete in seinem Beruf als Zeltmacher. Einer seiner Mitarbeiter war der Arzt Lukas, der später über die Erlebnisse des Paulus ein Buch schrieb: die Apostelgeschichte, wie wir sie in der Bibel finden.

Täglich kamen einige hundert Menschen zusammen und hörten zu, wenn Paulus predigte.

Von seinem Werkstattfenster aus konnte Paulus auf den riesigen Tempel der Göttin Diana sehen. Aus der ganzen Welt strömten die Menschen nach Ephesus und verehrten das Bild der Göttin. Es sei direkt vom Himmel gefallen, sagte man.

„Jesus hat die Macht der Göttin gebrochen", erklärte Paulus immer wieder seinen Zuhörern. Plötzlich stürmte Lukas heran.

„In der Stadt ist die Hölle los!" keuchte er.

„Ein Mann namens Demetrius hat alle Geschäftsleute zusammengerufen. Du machst ihnen das Geschäft kaputt, sagen sie."

„Demetrius stellt kleine Silbertempel her und verkauft sie teuer", lachte Paulus. „Aber die Christen wollen mit den Götterbildern und Glücksbringern nichts mehr zu tun haben. Also kann er nicht mehr viel verkaufen."

„Du bist in großer Gefahr", warnte ihn Lukas. „Demetrius ist mit Hunderten von Demonstranten zum Stadion gegangen."

Die meisten Städte, die von den Römern erbaut waren, hatten ein riesiges Freilichttheater. In Ephesus waren viele Tausend Menschen im Theater zusammengekommen.

„Ich gehe zum Stadion", erklärte Paulus. „Ich muß zu den Menschen reden."

„Nein, bleib hier!" warnten ihn seine Freunde. „Die Menschen sind aufgebracht und werden dich töten."

Demetrius hatte bereits Gajus und Aristarch, zwei Bekannte von Paulus, in die Arena geschleppt.

„Wir sind durch unsere Göttin Diana weltbekannt geworden", rief Demetrius. „Dieser Paulus erzählt nun den Leuten, Diana sei nur ein Götzenbild. Wir müssen ihn zum Schweigen bringen!"

„Groß ist die Diana der Epheser!" brüllte

die Menge. Zwei Stunden lang schrien sie, so laut sie konnten, diese Worte im Chor.

Endlich gelang es dem Bürgermeister, die Ruhe wiederherzustellen. „Wenn diese Leute etwas Böses getan haben, dann bringt sie vor Gericht", rief er. „Aber wenn ihr solch einen Aufstand macht, dann bekommen wir bald Schwierigkeiten mit den Römern." Da kehrten die Epheser in ihre Häuser zurück.

Paulus verabschiedete sich schweren Herzens von den Christen in Ephesus. Er fuhr weiter nach Griechenland, besuchte dort weitere Gemeinden und reiste dann zurück nach Jerusalem.

Schiffbruch

Jahrelang war Paulus unterwegs gewesen und hatte die Botschaft von Jesus zu Tausenden von Menschen gebracht. Jetzt wollte er in Jerusalem den anderen Jüngern über seine Erlebnisse berichten. Doch kaum hatte er die Stadt betreten, da war er auch schon in einen neuen Aufruhr verwickelt. Die Juden behaupteten, Paulus hätte die Gesetze übertreten und einen Nichtjuden in den Tempel mitgenommen. Paulus wurde von einer wütenden Menschenmenge umringt und brutal geschlagen. Sicher hätten die Leute ihn getötet, wenn da nicht plötzlich römische Soldaten angerückt wären. Sie verhafteten Paulus und retteten ihm damit das Leben.

Zwei Jahre lang saß Paulus danach im Gefängnis – zunächst in Jerusalem, später in Cäsarea. „Paulus muß sterben!" verlangten die Juden immer wieder. „Er lästert Gott."

„Willst du dich vor einem Gericht in Jerusalem verantworten?" fragte der römische Statthalter Festus.

„Nein", antwortete Paulus, „ich bin römischer Staatsbürger. Damit steht mir das Recht zu, daß mein Fall vor dem Kaiser in Rom verhandelt wird."

Kurz darauf wurde Paulus mit einigen anderen Gefangenen an Bord eines großen Segelschiffes gebracht, das nach Rom fuhr. Ein römischer Hauptmann begleitete sie. Paulus hatte keine Angst. Er freute sich, bald die Christen in der Hauptstadt des Römischen Reiches zu sehen.

Die Jahreszeit war ungünstig für eine Überfahrt. Herbststürme peitschten die Wellen hoch. Sie mußten sich beeilen, wenn sie vor dem Winter in Rom sein wollten.

Vor der Insel Kreta geriet das Schiff in Seenot. Immer wieder warfen die Seeleute Teile der Ladung über Bord, um das Schiff zu erleichtern. Der Kapitän hatte inzwischen völlig die Orientierung verloren. Weder die Sonne noch ein Stern bei Nacht waren zu sehen. Tagelang kämpfte die Mannschaft um das Schiff.

Eines Morgens rief Paulus in den heulenden Sturm: „Habt keine Angst. Gott hat zu mir gesprochen. Das Schiff ist zwar verloren, aber wir selbst werden mit dem Leben davonkommen."

Wenig später lief das Schiff auf eine Sandbank fest und brach auseinander. Alle sprangen ins Wasser. Sie krallten sich an Holzplanken und Wrackteile des zerborstenen Schiffes und wurden auf der Insel Malta an Land gespült.

Die Schiffbrüchigen wurden von den Bewohnern der Insel freundlich aufgenommen. Paulus nutzte den Aufenthalt, um auch hier den Menschen von Jesus zu erzählen.

Im nächsten Frühjahr stiegen die Männer an Bord eines anderen Schiffes und setzten ihre Reise fort. So kam Paulus schließlich nach Rom. Dort mußte er noch zwei Jahre auf seinen Prozeß warten. Er durfte in dieser Zeit eine eigene Wohnung in der Stadt nehmen. Zwar wurde er von einem Soldaten bewacht, aber niemand hinderte ihn daran, Besuch zu empfangen.

Von Rom aus schrieb Paulus viele Briefe an Gemeinden. Er ermahnte die jungen Christen, einander zu lieben und nach Gottes Willen zu leben; er ermutigte sie, ihren Glauben zu bekennen und in aller Verfolgung fest auf Gott zu vertrauen.

Ein Blick in die Zukunft

Wind und Wellen schlugen gegen die Küste der kleinen Insel Patmos im Mittelmeer. Auf dieser Insel gab es eine Festung, und in der Festung wurde ein alter Mann gefangengehalten: der Jünger Johannes.

Von den anderen Aposteln war niemand mehr am Leben. Petrus und Paulus waren in Rom gestorben, Jakobus war von König Herodes getötet worden. Viele Christen waren im Gefängnis gestorben, weil sie nicht aufgehört hatten, von Jesus zu reden.

Johannes war auf die Insel Patmos verbannt worden, weil er öffentlich Gottes Wort verkündigt hatte.

Eines Tages erlebte Johannes etwas Wunderbares: Jesus erschien plötzlich in seiner Zelle. Seine Kleider leuchteten, und seine Augen glühten wie Feuer. Johannes fiel auf die Erde. Da hörte er eine laute Stimme, die zu ihm sagte:

„Fürchte dich nicht, Johannes. Ich war tot, aber jetzt lebe ich für immer und ewig. Ich will dir zeigen, was in Kürze geschehen wird. Schreib alles in ein Buch."

Dann durfte Johannes einen Blick in die himmlische Welt werfen. Das war so herrlich, daß er gar nicht genug Worte finden konnte, um diesen Anblick zu beschreiben. Darum benutzte er viele Bilder und Vergleiche, als er anschließend niederschrieb, was er gesehen hatte. „Wie glücklich alle Menschen hier aussehen!" dachte Johannes verwundert.

„Das sind die Menschen, die Gott geliebt haben", erklärte ihm Jesus. „Sie haben viel zu leiden gehabt. Aber Gott hat ihre Tränen abgewischt. Jetzt sind sie für alle Zeit glücklich. Sie werden nie wieder einsam oder traurig sein. Kein Schmerz und keine Krankheit können hier eindringen; sogar der Tod ist besiegt."

Allerdings gab es nicht nur glückliche Menschen. Johannes sah auch die, die in ihrem Leben nicht auf Gottes Botschaft gehört hatten. Sie waren für alle Zeiten und endgültig von Gottes himmlischer Welt ausgeschlossen.

„Nie mehr kann Satan die Pläne Gottes zerstören", hörte Johannes die Stimme Jesu. „Er ist für immer vernichtet."

Johannes zitterte. Auf welcher Seite würde er selbst einmal zu finden sein?

Da zeigte ihm Jesus ein großes Buch mit vielen Namen. „Wer mir nachfolgen will und mein Jünger wird", erklärte Jesus, „dessen Name steht hier in diesem Buch des Lebens eingetragen. Niemand kann ihn wieder ausradieren. Diese Menschen sind gerettet. Schreibe alles auf, was du gesehen und gehört hast. Vertraut mir fest und seid bereit! Ich komme bald wieder."

Johannes freute sich auf diesen Tag, an dem er für immer bei Jesus sein würde.

„Ja, Herr", rief er. „Komme bald!"